FRANCISCO
O PAPA DO POVO

Simon Biallowons

FRANCISCO
O PAPA DO POVO

Fé, Bondade, Família, Humildade
e o Futuro da Igreja Católica

Tradução:
KARINA JANNINI

**Editora
Pensamento**
SÃO PAULO

Título original: *Franziskus – Der Neue Papst.*
Copyright © 2013 Kösel-Verlag, Munique.
Uma divisão da Verlagsgruppe, Random House GmbH, Munique, Alemanha. www.koesel.de.
Publicado mediante acordo com UTe Körner Literary Agent, S. L., Barcelona – www.uklitag.com.
Copyright da edição brasileira © 2013 Editora Pensamento-Cultrix Ltda.
Texto de acordo com as novas regras ortográficas da língua portuguesa.
1ª edição 2013.

Todos os direitos reservados. Nenhuma parte deste livro pode ser reproduzida ou usada de qualquer forma ou por qualquer meio, eletrônico ou mecânico, inclusive fotocópias, gravações ou sistema de armazenamento em banco de dados, sem permissão por escrito, exceto nos casos de trechos curtos citados em resenhas críticas ou artigos de revista.

A Editora Pensamento não se responsabiliza por eventuais mudanças ocorridas nos endereços convencionais ou eletrônicos citados neste livro.

Editor: Adilson Silva Ramachandra
Editora de texto: Denise de C. Rocha Delela
Coordenação editorial: Roseli de S. Ferraz
Produção editorial: Indiara Faria Kayo
Assistente de produção: Estela A. Minas
Editoração eletrônica: Join Bureau

Dados Internacionais de Catalogação na Publicação (CIP)
(Câmara Brasileira do Livro, SP, Brasil)

Biallowons, Simon
    Francisco: o Papa do povo: fé, bondade, família, humildade e o futuro da Igreja Católica / Simon Biallowons; tradução: Karina Jannini. – 1. ed. – São Paulo: Pensamento, 2013.

Título original: Franziskus: der neue Papst
Bibliografia
ISBN 978-85-315-1835-5

1. Francisco, Papa, 1936- 2. Igreja – História 3. Papado – História 4. Papas I. Título.

13-04212
CDD-262.1309

Índices para catálogo sistemático:
1. Papas: História: Eclesiologia: Cristianismo   262.1309

Direitos de tradução para o Brasil adquiridos com exclusividade pela
EDITORA PENSAMENTO-CULTRIX LTDA., que se reserva a
propriedade literária desta tradução.
Rua Dr. Mário Vicente, 368 – 04270-000 – São Paulo – SP
Fone: (11) 2066-9000 – Fax: (11) 2066-9008
http://www.editorapensamento.com.br
E-mail: atendimento@editorapensamento.com.br
Foi feito o depósito legal.

Impressão e Acabamento: Cometa Grafica e Editora
www.cometagrafica.com.br - Tel- 11-2062 8999

SUMÁRIO

Introdução **7**

O que permanece: a herança de Bento XVI **11**

Como está: a situação da Igreja universal **37**

O que aconteceu: o conclave e a eleição histórica **59**

Quem ele é: o novo papa Francisco **69**

O que ele significa: o nome do papa e o nome do santo **87**

Santo Padre – quais são os títulos de um papa? **95**

Do que se trata: os desafios para o papa Francisco **103**

A demografia católica e seu significado **105**

O projeto da nova evangelização **113**

Questões urgentes: Aids, homossexualismo,
celibato e o papel da mulher **119**

Curar feridas – os casos de abuso sexual na Igreja católica .. **127**

Reconciliação ou não? Negociações com a
Irmandade de São Pio X **133**

A reforma das cúrias – a missão do século **139**

O que já está marcado: a agenda do papa Francisco **147**

O que se espera: opiniões e avaliações sobre a
eleição do papa Francisco **153**

5

INTRODUÇÃO

"Morto um papa, elege-se outro." Simples assim. Pelo menos é como parece o famoso ditado. Na verdade, entre dois papas há muito mais do que apenas uma eleição. Entre ambos há dias de luto e despedida, de incerteza e mistério. Dias de esperança e temor. Naqueles dias de março de 2013 havia ainda mais. Bento XVI foi o primeiro papa a renunciar na era moderna. Abdicou de seu cargo, criando uma série de desafios e problemas. Durante oito anos, o papa alemão conduziu a Igreja. Foram oito anos de inúmeras crises, mal-entendidos e erros. Ao mesmo tempo, foram oito anos que marcaram a Igreja. Em que medida a marcaram, é o que veremos em alguns anos ou décadas. No entanto, cerca de um mês após sua renúncia voluntária, feita em 28 de fevereiro de 2013, já se podia reconhecer sua herança. É dela que se trata primeiramente neste livro, que não adota a retrospectiva como principal ponto de partida. A descrição e a análise da pessoa e do Pontificado de Bento XVI não ficam de fora; no entanto, aqui elas terão menos o sentido de uma apreciação crítica. Trata-se de saber o que o papa da Baviera deixou para a Igreja, os fiéis e, sobretudo, para seu sucessor Francisco. Pois desse legado deduz-se não apenas o estado da Igreja que o novo papa tem de conduzir. A herança de Bento também oferece pontos de articulação, que Francisco poderá utilizar para formar uma Igreja do futuro.

Esse futuro é incerto. A situação da Igreja mudou dramaticamente, assim como, de maneira também dramática, mudou o mundo. As circunstâncias alteradas apresentam desafios totalmente novos. A eleição do novo papa reagiu a essa alteração: é a primeira vez que um latino-americano sobe ao trono de São Pedro. Como isso aconteceu, como as pessoas reagiram e quais foram e serão suas primeiras ações são fatos a serem contados nos respectivos capítulos. O capítulo sobre o Conclave esclarece em detalhes o que aconteceu após a renúncia de Bento XVI. Por que não foi nenhum dos favoritos a ganhar a corrida, e sim um *outsider* argentino.

Quem é esse *outsider* e o que ele quer: eis o cerne deste livro, que retrata Jorge Mario Bergoglio, o novo papa Francisco. Este livro ajuda a identificar sua pessoa, conta detalhes biográficos e esclarece suas posições teológicas e éticas. Francisco entusiasmou as pessoas nos primeiros dias de seu pontificado, conquistando sua simpatia. Mas será que esse entusiasmo se justifica? E o que a Igreja pode esperar dele? Estas e outras perguntas serão respondidas neste retrato do novo papa.

A esse contexto também se referem as páginas dedicadas ao nome do papa e ao santo homônimo, São Francisco. Todo nome escolhido por um papa tem uma razão de ser, e o de Francisco é muito especial. Quem foi esse santo e por que até hoje nenhum papa ousou adotar seu nome? Milhões de fiéis fizeram-se essa pergunta, e a resposta a ela conduz a um aprofundamento na história e na imagem que a Igreja faz de si mesma. Essa história é a que compõe o final do livro. História é passado, presente e futuro. O papa Francisco avançará um pouco mais nesse futuro, conduzindo nada menos do que a Igreja. Tendo em vista sua idade, não se sabe por quanto tempo. Entretanto, não há dúvida de que esse futuro prepara muitos desafios para a Igreja e seu sumo pastor. Muitos desafios, como o diálogo inter-religioso, que obviamente é importante e faz parte da rotina do papa, não serão abordados neste livro. Em vez disso, discutiremos alguns dos inúmeros outros desafios e elucidaremos seu significado específico para a Igreja. Mais importante ainda são as possibilidades e oportunidades contidas nesses desafios. Eis por que também falaremos dos passos que o novo papa provavelmente dará e das dificuldades que enfrentará. Francisco é um papa histórico. O primeiro latino-americano, o primeiro jesuíta e o primeiro "Francisco" no trono de São Pedro. Este livro pretende preparar e entrar em consonância com aquilo que o novo papa proferiu aos fiéis ao aparecer pela primeira vez na sacada da Basílica de São Pedro: "E agora, bispo e povo iniciaremos este caminho, o caminho da Igreja de Roma, que preside o amor em relação a todas as igrejas; um caminho de fraternidade, amor e confiança mútua".

Munique, março de 2013.

O QUE PERMANECE:
A HERANÇA DE BENTO XVI

Algumas frases não soam como se escrevessem histórias. Algumas cenas não parecem mudar o mundo. Somente mais tarde, em retrospectiva, é que essas frases e cenas recebem seu sentido como um todo, tornando-se compreensíveis para o ouvinte ou observador. De repente, todos os disparates produzem um sentido, adicionando muitos detalhes a um grande todo. Tal como a cena, ocorrida em 18 de abril de 2005 na igreja mais importante do mundo, a Basílica de São Pedro, em Roma. Mais tarde, cronistas e testemunhas descreveram e analisaram esse momento de diversas maneiras. Entretanto, na tarde daquela segunda-feira, ninguém conhecia ainda sua importância, ou seja, do momento em que um homem magro, de cabelos brancos e traje de um vermelho vivo começou a falar. Seu nome é Joseph Ratzinger; ele era cardeal e prefeito da Congregação para a Doutrina da Fé. Em 2002, o alemão foi eleito cardeal decano e, a partir da morte do papa João Paulo II, tornou-se o homem mais poderoso da Igreja Católica. Por essa razão, foi Ratzinger a proferir o sermão na missa "Pro eligendo papa", sempre realizada antes do início do conclave. E, assim, ele se encontrou no centro da cristandade, tanto no sentido literal quanto naquele figurado. Atrás dele, as quatro colunas colossais do altar esculpido por Bernini no centro da Basílica de São Pedro. À sua frente, seus colegas cardeais com direito a voto, sentados em três fileiras de cadeiras. Naquela tarde de segunda-feira, Ratzinger dirigiu-se a eles e, ao mesmo tempo, ao mundo inteiro ao exortar todos à luta contra o relativismo e em favor da verdade. O homem de 78 anos lembrou a "Ditadura do Relativismo, que nada reconhece como definitivo e, como última medida, considera apenas o próprio Eu e seus desejos", e o Evangelho segundo São João, que diz: "Eu vos nomeei para que vades e deis fruto, e o vosso fruto permaneça". E o prefeito alemão da Congregação para a Doutrina da Fé continuou: "Precisamos produzir frutos que permaneçam. Todas as pessoas querem deixar um rastro que permaneça. Mas o que permanece? Não o dinheiro. Tampouco os edifícios e os livros. [...] Portanto, o fruto que permanece é o que semeamos nas almas humanas – o amor, o conhecimento; o gesto que consegue comover o coração; a palavra que abre a alma para a alegria do Senhor. Vamos nos abrir e pedir ao Senhor; Ele haverá de nos ajudar a produzir um fruto; um fruto que permaneça".

Minutos depois, Joseph Ratzinger encerrou seu sermão. Seus confrades do Colégio de Cardeais permaneceram em silêncio, começaram a refletir. Na época, quem poderia imaginar que essas frases seriam parte da cena principal e corresponsáveis por aquilo que aconteceu pouco depois: um dos mais rápidos conclaves da história mais recente da Igreja com a eleição justamente de Joseph Ratzinger para o papa Bento XVI. Oito anos depois, Bento XVI já não era papa nem cardeal, pois em 28 de fevereiro de 2013 renunciou a seu cargo de sucessor de São Pedro. Com isso, o alemão fez o que era inconcebível até então – se relermos as frases acima citadas, as perguntas se tornam evidentes: que fruto Bento XVI havia produzido? Esse papa tocou o coração das pessoas? Ou simplesmente: o que permaneceu do papa Bento XVI, o papa que veio da Alemanha?

Quando João Paulo II faleceu, especialistas e leigos concordavam em uma coisa: o que permanece são as imagens. Os registros do papa esquiando, do padre "apressado e devoto", cheio de energia, com solidéu e sotaina. Ao mesmo tempo, as fotos do pontífice sofrendo, do papa polonês que, no final, perdera as forças e até mesmo a voz, e que tornava pública sua morte. Dificilmente alguém esquecerá essas imagens, bem como a lendária citação que as acompanha como uma legenda: "Não se desce da cruz". De Bento XVI também há registros, igualmente impressionantes. No entanto, serão menos as imagens que permanecerão do que talvez seus livros.

Portanto, que ironia sutil o fato de justamente o "papa best--seller" ter dito antes de ser eleito: "Tampouco os edifícios e os livros permanecem". Pelo menos na era moderna, nenhum sucessor de São Pedro escreveu e publicou tanto como o "papa professor" da Baviera. Sua carga de trabalho era enorme, como mostra este pequeno exemplo: só nas cinco semanas que antecederam sua renúncia, Bento XVI escreveu mais de vinte discursos (durante todo o seu pontificado, foram mais de 1.500), sermões e cartas, para não falar das saudações em audiências, de suas catequeses às quartas-feiras e do ângelus dominical. Acrescentem-se a isso, ao longo dos mais de oito anos de pontificado, suas três encíclicas, a forma máxima de doutrina papal, bem como, naturalmente, seus livros. Entre eles se destaca, sobretudo, a trilogia sobre Jesus, que representa uma exceção na história da Igreja Católica. Até então, raramente um papa havia escrito dessa forma sobre Jesus de Nazaré. Parece quase absurdo, mas, do ponto de vista da mídia, o "representante de Cristo na Terra" calou justamente sobre esse Cristo. Bento XVI rompeu esse silêncio com sua trilogia. Contudo, não sem enfatizar que, de certo modo, publicava os três volumes como pessoa privada: "Por certo, não preciso especificar que este livro não é, absolutamente, um ato magisterial, e sim apenas expressão de minha busca pessoal 'pelo rosto do Senhor' (cf. Sl, 27,8). Portanto, qualquer pessoa é livre para me contradizer. Peço aos leitores apenas que me concedam aquela simpatia, sem a qual não existe entendimento". Essas frases, impressas na sobrecapa, denotam uma discrição elegante. Porém, obviamente, não há dúvida de que Bento XVI sabia muito bem do efeito de sua publicação. Pois, se o chefe da Igreja que se entende fundada por Jesus pergunta: "Quem é Jesus de Nazaré e o que podemos saber a seu respeito? Seria ele apenas um ser humano? Seria o filho de Deus? Qual a verdade sobre Jesus?", e, ao mesmo tempo, enfatiza que a fé cristã depende da resposta a essas perguntas, a importância de uma obra como essa é relativamente evidente. O papa que renunciou sabia muito bem disso. Essa trilogia, que ele escreveu em suas férias de verão em Castel Gandolfo e em terças-feiras um pouco mais tranquilas, é um dos frutos que ele quis deixar à sua Igreja. Já naquele dia 18 de abril de 2005, Bento XVI disse que, para um cristão, Cristo deveria estar no centro. Isso parece evidente e quase banal; no entanto, é bastante surpreendente. Esse é o padrão de referência de Bento e, no sentido mais verdadeiro da palavra, seu credo. Essa centralidade de Cristo – graças à qual algumas vezes ele foi comparado a Lutero ou até a outros reformadores – penetrou o pensamento de Joseph Ratzinger e a doutrina de Bento XVI. O Verbo como meio para pregar, ele o colocou bem no topo da lista de prioridades de seu pontificado. O Verbo como meio de sua mensagem e como mensagem em si, que, segundo o Novo Testamento, "se fez carne" com o nascimento de Jesus Cristo. O papa alemão deu prioridade ao Verbo no sentido duplo, prático e teológico da palavra. Este é o patrimônio desse papa.

Desde o início, Bento XVI deixou claro que queria falar sobre o Verbo. Por sua vez, suas palavras, que ele escolheu especialmente para isso, pertencem a seu legado. Esse papa, que, comparado a seu antecessor, parece menos caloroso e mais fechado em meio ao público, escreveu linhas quase poéticas sobre Deus e a fé. Ele escolheu o Verbo e o exprimiu de maneira selecionada, especialmente quando se tratava de um de seus temas preferidos, o amor. "O amor", assim disse ele naquela missa antes do conclave, seria um fruto ao qual se é comparado. Eis por que não causou muita surpresa o fato de a primeira encíclica de Bento XVI começar com uma passagem da Primeira Epístola de São João: "Deus é amor, e quem permanece no amor, permanece em Deus, e Deus nele". O título, que nas encíclicas quase sempre se orienta pelas palavras iniciais, diz: "Deus é o amor". Em latim: "*Deus caritas est*". Nessa encíclica, Bento XVI discute as diferentes dimensões do amor, o "eros", o "ágape" e a "caritas". Todas as suas exposições diferenciam, delimitam e, ao mesmo tempo, apontam para o motivo que o Santo Padre vê como um dos pilares do Evangelho: "'Deus é o amor, e quem permanece no amor, permanece em Deus, e Deus nele' (1 Jo 4,16). Nessas palavras da Primeira Epístola de São João, fala-se do centro da fé cristã, da imagem cristã de Deus e da consequente imagem do homem e seu caminho rumo à clareza única. Além disso, no mesmo verso, João também nos dá, por assim dizer, uma fórmula para a existência cristã: 'Conhecemos o amor que Deus tem por nós e cremos nele' (cf. 1 Jo 4,16). *Cremos no amor*: assim, Cristo pode exprimir a decisão fundamental de sua vida. No início do cristianismo, não há uma resolução ética ou uma grande ideia, e sim o encontro com um evento, com uma pessoa, que confere à nossa vida um novo horizonte e, por conseguinte, sua orientação decisiva". Essa passagem é aqui citada em toda a sua extensão, uma vez que, conforme mencionado, ela ilustra um dos motivos fundamentais da renúncia do papa. Esse motivo é um *tópos*, ou seja, uma ideia recorrente no pensamento, na fala e na escrita de Bento. Ele a expôs à sua maneira, com enorme clareza e, ao mesmo tempo, grande paixão. Este será seu legado, que certamente será seguido por muitos elogios e que o jornal canadense *The Globe and Mail* declara por ocasião de sua renúncia: "É tempo de fazer um inventário. É tempo de agradecer a esse brilhante pastor. É tempo de aprender os ensinamentos que ficam de um grande mestre". E, um pouco antes: "A renúncia é uma decisão nunca ocorrida na modernidade [...]. É perfeitamente apropriada a um dos maiores mestres da fé que a Igreja já conheceu".

Certamente a opinião do *Globe* não é compartilhada por todos. E, antes de tudo, é preciso mostrar se Bento XVI foi, de fato, o "maior mestre da fé" e se esse superlativo intelectual se justifica.

Se assim for, ele seria colocado no mesmo patamar de Santo Tomás de Aquino, Boaventura e Santo Agostinho. Bento XVI tem uma ligação muito mais forte sobretudo com este último do que, por exemplo, com Santo Tomás de Aquino. Já como jovem teólogo ele se deixara inspirar por Santo Agostinho, intitulando sua dissertação como "Povo e casa de Deus na doutrina de Santo Agostinho sobre a Igreja." Para o doutor da Igreja, o entusiasmo não se apagou, mesmo depois de ter sido eleito papa. Em 2008, como bispo de Roma, ele dedicou ao bispo de Hipona cinco catequeses de quarta-feira. Só esse fato já evidencia a importância de Santo Agostinho. Na quinta e última catequese, a audiência geral de 27 de fevereiro de 2008, Bento XVI leu para os milhares de fiéis a seguinte passagem: "Depois que ele [Santo Agostinho,] voltou para a África e fundou um pequeno mosteiro, mudou-se com poucos amigos para lá, a fim de se dedicar à vida contemplativa e ao estudo. Este era o sonho da sua vida. Naquele momento, ele estava apto a viver integralmente pela verdade, com a verdade e na amizade por Cristo, que é a verdade. Um belo sonho, que durou três anos, até ele, contra sua vontade, ser consagrado sacerdote em Hipona e ser determinado a servir aos fiéis, continuando a viver com Cristo e para Cristo, porém a serviço de todos".

Com essas exposições, Bento XVI obviamente quis aproximar seus ouvintes, presentes no salão de audiência, da vida de Santo Agostinho. O Santo Padre estava falando, ao mesmo tempo, não apenas sobre Santo Agostinho, mas também sobre si mesmo. O anseio por uma vida contemplativa e a busca pela verdade motivaram Bento XVI e, antes, Joseph Ratzinger. Antes de completar 75 anos e de atingir o limite de idade estabelecido para a equipe de comando no Vaticano, o cardeal Ratzinger pedira a João Paulo II para dispensá-lo do cargo de prefeito da Congregação para a Doutrina da Fé. Em vez de continuar a ser o supremo pastor da fé e guardião da pureza da doutrina católica, ele preferia estudar e publicar seus escritos. O cargo de arquivista e bibliotecário do Vaticano muito teriam agradado Ratzinger se ele não pudesse retornar à pacata Pentling, sua cidade natal na Baviera. No entanto, o estudo e a contemplação tampouco eram permitidos a Ratzinger, pois os cardeais o queriam como novo pontífice. Após sua eleição, confessou abertamente aos peregrinos que ficara tonto ao ver a "lâmina da guilhotina", ou seja, o resultado da votação aproximar-se de sua cabeça. Pedira a Deus: "Não faça isso comigo!". Não obstante, Ratzinger aceitou a eleição e, como Santo Agostinho, entendeu que deveria obedecer como forma de servir. Prestou esse serviço de maneira diferente de seu antecessor polonês. João Paulo II entregou seu corpo e, por fim, sua vida a esse serviço, fundindo-se ao cargo. No mais verdadeiro sentido da palavra, ele incorporou a antiga concepção de que o corpo do papa pertence não apenas a ele, mas também a toda a Igreja e a Deus. O serviço de Wojtyla terminou junto com sua vida. Serviço e existência convergiram no último momento existencial. Bento XVI não compartilhou dessa concepção de serviço e papado. Na qualidade de prefeito da Congregação para a Doutrina da Fé, reiteradas vezes aconselhou o amigo polonês a renunciar. Em 18 de abril, quando se tornou sucessor de João Paulo II, seguiu o pontífice polonês em muitos aspectos, não neste. Bento XVI encontrou uma forma totalmente particular de ser "*servus servorum Dei*", "o servidor dos servidores de Deus". É um paradoxo o fato de justamente esse pontífice falar em humildade e modéstia, quando aparece em público com insígnias do poder papal, como o camauro ou o manto de arminho, evocando o retorno de um papa do Renascimento. Como se Bento XVI tivesse sempre um homônimo em mente, o místico mendicante Benoît Joseph Labre (1748-1783). Ratzinger nasceu no dia da morte deste, e sua mãe parecia admirar Labre. Em Roma, Labre chegou a ser adorado como santo popular; sua igreja no bairro de Monti é uma das mais procuradas na cidade. Ao completar 85 anos, Bento XVI elogiou o místico mendicante por ele ter mostrado que Deus sozinho basta, "que, além de todas as coisas que possam existir neste mundo, o que precisamos e podemos fazer, o decisivo, o essencial", é conhecer

Deus. Entretanto, seu homônimo francês não chega a servir de modelo, pois seu modo de vida foi extremamente radical. E, com toda certeza, seria exagerado descrever o místico mendicante como uma estrela fixa para o Santo Padre. Não obstante, o papa demonstrou a humildade e a centralidade de Deus, típicas de Labre, e, assim, encontrou seu modo particular e pessoal de exercer o cargo de São Pedro. Talvez ele não o tenha "desmitologizado", como escreveram muitos especialistas. Porém, com certeza, Bento XVI "desdramatizou" o papado, tirando-lhe a teatralidade. João Paulo II tivera sucesso com essa teatralidade, e Bento XVI, sem ela. Nada de grandes gestos ou aparições espetaculares, e sim humildade e modéstia tornaram-se sua *corporate identity*. Bento XVI deixa a certeza de que também – ou justamente – um "simples e modesto trabalhador na vinha do Senhor" pode desempenhar o cargo máximo da Igreja.

A reserva de Bento XVI correspondia a seu caráter e ao modo como ele entendia seu cargo. Com isso, ele formou um contraste em relação a outros poderosos da política ou da economia, o que foi bem recebido por muitas pessoas. Por muitas, mas não por todas. Um clássico a que os correspondentes de Roma sempre puderam assistir eram os fiéis latino-americanos se arrastando pela Basílica de São Pedro, pouco entusiasmados após uma missa. O papa os decepcionou literalmente. E, sobretudo os católicos italianos da "generazione Giovanni Paolo II", que haviam crescido com João Paulo II, acharam o estilo do novo papa não empático nem eufórico o suficiente. "Il tedesco", como nomearam o cardeal Ratzinger enquanto prefeito da Congregação para a Doutrina da Fé, seria "troppo freddo", frio demais. Ter modéstia é bonito, ter humildade é bom, mas precisa haver um pouco de "spettacolo". Não havia sido justamente ele – aquele Bento XVI antes de sua eleição na missa "Pro eligendo" – a dizer no sermão que os "gestos precisam tocar o coração"? Outros fiéis incomodaram-se menos com a aparição pessoal de Bento. Talvez tenham até achado muito simpática sua simplicidade no campo privado. Estavam mais preocupados com o fato de que, com o alemão, a Igreja teria em seu comando um homem que claramente não podia começar a iniciar muita coisa com o poder. Pois, embora alguns críticos tenham tentado desacreditar sua modéstia e sua humildade, chamando-as respectivamente de coquetismo e meio para chegar a uma finalidade, a maioria dos antigos colegas de Bento XVI atesta sua relação extremamente distante do poder. Após a renúncia do papa, o cardeal Walter Kaspar, ex-"ministro ecumênico" da Santa Sé e em contato com Joseph Ratzinger desde 1963, esclarecera à revista *Zeit*: "Bento XVI não é um homem do poder. Obviamente, todos que têm um cargo também devem exercer o poder de vez em quando. Mas este não é seu desejo nem seu forte".

O desinteresse pelo poder não é errado de *per si*. Só se torna difícil quando uma pessoa que não está interessada no poder o recebe. E ser chefe de mais de um bilhão de pessoas é ter um poder especialmente vasto. Depois que Bento XVI recebeu esse poder mais ou menos contra sua vontade, ele o tentou exercer à sua maneira. Por exemplo, quis iniciar uma nova colegialidade com os bispos e cardeais e, assim, cumprir uma das exigências fundamentais do Segundo Concílio Vaticano. Entretanto, alguns bispos e cardeais não estavam de acordo. Os escândalos sobre o Banco do Vaticano, os desastres na comunicação e no caso de Richard Williamson, membro da Irmandade de São Pio X que negou o Holocausto, as intrigas durante a luta pela aquisição do hospital italiano San Raffaele e, obviamente, o escândalo do Vatileaks provam que a humildade e o desinteresse de Bento pelo poder podem ser admiráveis do ponto de vista humano, mas foram problemáticos do ponto de vista administrativo. Com efeito, Bento XVI manteve o comando da Igreja em uma "firmeza branda", como ele dissera certa vez. De certo modo, por sua própria maneira de viver no Palácio Apostólico, o Santo Padre foi um exemplo da "dessecularização" que ele enfatizara a seus conterrâneos por ocasião de sua última visita como papa. "Dessecularização" significa que a Igreja só poderia ter um efeito sobre o mundo se não fosse do mundo. Transposto para o Vaticano, isso quer dizer que Bento XVI não fazia parte do mundo da corte vaticana. O problema é que ele não apenas não fazia parte desse mundo da administração do Vaticano, como também não se via nesse mundo. Ele, que passou mais de um terço da sua vida na Santa Sé, ou não viu a armadilha, ou não quis cair nela. E, em muitos casos, um pouco menos de brandura e um pouco de mais firmeza teria sido mais sensato. O trabalhador simples da vinha do Senhor preocupou-se com as videiras, mas deixou que crescessem algumas ervas daninhas.

Para Bento XVI, a aversão à ostentação de forças patriarcais e curiais tem razões pessoais; ela simplesmente não corresponde a seu caráter. Por isso, seria errôneo atribuir sua reserva ao pouco interesse ou até ao desinteresse pelo mundo e pelas pessoas. Durante seu pontificado e mesmo antes, quando era professor e prefeito, Bento XVI posicionou-se em relação a quase todos os âmbitos da vida. Não apenas em relação à ética ou à teologia. O papa supostamente apolítico escreveu, por exemplo, inúmeros ensaios ou sermões sobre a Europa. Não é exagero chamar João Paulo II de um "papa do mundo" e Bento XVI de um "papa da Europa". Assim, em 27 de abril, dia de sua primeira audiência geral após sua eleição, ele revelou os motivos para sua decisão de nomear-se Bento: "O nome Bento também lembra a extraordinária figura de São Bento de Núrsia, grande 'patriarca do monacato ocidental', que, junto com São Cirilo e São Metódio, é patrono da Europa. A difusão crescente da ordem beneditina fundada por ele teve grande influência na expansão do cristianismo em toda a Europa. Por isso, São Bento é muito adorado na Alemanha e, especialmente, na Baviera, minha terra natal. Ele é um ponto de referência fundamental para a unidade da Europa e uma indicação expressiva das raízes cristãs inalienáveis da cultura e da civilização europeias". Essas palavras são uma forte e clara profissão de fé no continente europeu e na cultura europeia. Já em seu livro *Werte in Zeiten des Umbruchs* [Valores nos Tempos da Revolução], que, por sinal, foi seu último como cardeal, Ratzinger esclareceu sem deixar dúvidas: "Os cristãos fiéis deveriam entender-se como uma minoria criativa e contribuir para que a Europa reconquiste a melhor parte de sua herança e, assim, sirva a toda a humanidade". Ao se colocar conscientemente, após sua eleição, como sucessor de Bento de Núrsia e ao seguir o exemplo do grande abade de Monte Cassino e patrono oficial da Europa, o papa alemão declarou que a Europa é uma questão de máxima prioridade.

Em inúmeras aparições e em inúmeros discursos, Bento XVI abordou a Europa como tema, questionou a identidade europeia, a herança judeu-cristã como fundamento ou o futuro do continente em um mundo globalizado e secularizado. Há muitas provas disso, por exemplo, em seu discurso proferido em Praga: "A Europa é mais do que um continente. É um lar!"

Para Bento XVI, a Europa foi um lar. Por conseguinte, ele sentiu que era sua obrigação cuidar desse lar. Isso também significava elucidar criticamente essa Europa de hoje. Quando o papa fala que a Europa tem de reconquistar "a melhor parte de sua herança", isso não implica nada além da afirmação de que a Europa perdeu justamente essa sua melhor parte. Essas apreciações mostraram-se marcadas por certo ceticismo, que muitas vezes foi interpretado como um pessimismo cultural por parte de Ratzinger, como uma aversão à modernidade *a priori*. Não se pode negar esse pessimismo, assim como tampouco se pode negar, em certas questões, uma distância exagerada em relação à modernidade. No entanto, Bento XVI era um pessimista cultural. E não era, absolutamente, um fatalista que, sediado no Palácio Apostólico, deixou a política ser política e o mundo ser mundo. Bento XVI tentou cumprir seu papel como "pontífice", como "construtor de pontes", quanto a isso não há dúvida. Mas será que ele realmente aproveitou seu peso como chefe de mais de um bilhão de seguidores para consolidar, expandir e utilizar a posição da Igreja como *global player*, que João Paulo II havia conseguido ao atuar na Guerra Fria?

É dia 18 de abril de 2008, uma sexta-feira em Nova York. Geralmente, pouco antes do fim de semana, a Big Apple se reanima.

A atmosfera fica mais descontraída, a euforia que precede o fim de semana começa a se instalar. Só que naquele 18 de abril, novamente um 18 de abril, paira uma tensão sobre a cidade. Ela está concentrada no United Nations Plaza, no New Yorker East River. Ali se ergue o imponente quartel-general das Nações Unidas, que parece uma bateria de telefone celular em desequilíbrio. Nas últimas décadas, foram proferidos discursos lendários no "palácio de vidro", como é designado o quartel-general da ONU: em 12 de outubro de 1960, por exemplo, por Nikita Kruschev, chefe do governo soviético, que, durante seu discurso, perdeu totalmente a compostura e, ao final, pôs o sapato em cima do púlpito – segundo alguns observadores, ele teria utilizado seu sapato como um leiloeiro utiliza o martelo. Menos impregnados de testosterona, porém não menos incisivos, ali discursaram os papas que se dirigiram à Assembleia Geral da ONU e, portanto, ao mundo inteiro como chefes da Igreja Católica. Em 1965, Paulo VI discursou no palácio de vidro e fez uma defesa apaixonada da paz e da reconciliação, que culminou com a exortação arrebatadora: "Guerra nunca mais! Guerra nunca mais! Guerra nunca mais!". O papa João Paulo II chegou a comparecer duas vezes e aproveitou o palco para expor todo o seu talento de orador carismático. Cerrou os punhos, contraiu o rosto, falou baixo e alto; em suma: João Paulo II fez um discurso arrebatador. Algumas pessoas no auditório ainda se lembravam dessas apresentações quando, em 18 de abril de 2008, Bento XVI, o terceiro papa, foi convidado. Seu discurso foi muito característico de sua personalidade. Erudito, preciso, silencioso. Bento falou na defensiva, tal como joga um meio de campo: discreto, efetivo e com a precisão de um cirurgião. Seu discurso resumiu literalmente a diferença em relação a seus antecessores: enquanto João Paulo II se tornava emocional, Bento permaneceu racional; enquanto Paulo VI encontrava palavras apaixonadas, o papa alemão buscou pensamentos sóbrios. Após o discurso, não foram poucos os que ficaram decepcionados; alguns falaram de uma oportunidade perdida. Somente algum tempo depois é que começaram a prevalecer as avaliações positivas. Em seu livro, Gernot Erler* chegou a apreciar a apresentação de Bento como pioneira. O grande líder do SPD referiu-se ao trecho em que o papa abordou a R2P ("Responsibility to Protect"). A chamada "responsabilidade de proteção" designa a obrigação de intervir em crimes contra a humanidade ou violações do direito internacional. Quando tropas ocidentais, sob o comando decisivo da França, ajudaram a derrubar o ditador líbio Gaddafi, o Conselho de Segurança apoiou-se na "R2P" e, em 17 de março de 2001, ratificou a resolução 1973, com a qual se decidiu estabelecer uma zona de exclusão aérea, que foi o ponto de partida para a vitória dos rebeldes. Três anos antes, naquele 18 de abril, em Nova York, Bento XVI falara e advertira a respeito dessa "R2P": "O reconhecimento da unidade da família humana e o respeito pela dignidade inerente a toda mulher e a todo homem recebem hoje um novo impulso no princípio da responsabilidade de proteção. Apenas recentemente esse princípio foi definido, mas já estava implícito no período inicial das Nações Unidas e agora caracteriza cada vez mais sua atividade", disse Bento XVI, pedindo: "Todo Estado tem a obrigação prioritária de proteger sua população de violações graves e reiteradas dos direitos humanos, bem como das consequências de crises humanitárias, causadas tanto pela natureza quanto pelo homem. Quando se constata que os Estados não têm condições de garantir essa proteção, cabe à comunidade internacional intervir com os meios jurídicos previstos pela Carta das Nações Unidas e por outros acordos internacionais. Desde que respeitados aqueles princípios que constituem a base da ordem internacional, a ação da comunidade internacional e de suas instituições nunca deve ser entendida como uma necessidade injustificada ou uma limitação da soberania. A indiferença ou a não intervenção são, antes, o que causa os reais prejuízos". Essas palavras representam uma missão clara de um homem que conduz

---

* Político alemão filiado ao Partido Social-Democrata alemão (SPD). [N. da T.]

uma instituição cujos fundadores exortaram seus seguidores a oferecer a outra face. Naquela sexta-feira de 2008, Bento XVI pode não ter impressionado com seu discurso. No entanto, mostrou um lado seu quase inesperado: o da *Realpolitik*.

A *Realpolitik* exercida pelo pontífice que renunciou foi mais bem-sucedida do que se costumava supor e, muitas vezes, subestimada. Entretanto, também é verdade que, em alguns casos, ela conheceu seus limites de maneira impiedosa e dolorosa. O déspota sírio Bashar al-Assad não deu ouvidos às admoestações nem às advertências e fez seu próprio povo continuar pagando um perturbador tributo de sangue. Na China, o regime se preocupava e se preocupa pouco com os protestos do Vaticano e manda prender arbitrariamente os seguidores da Igreja Cristã Subterrânea. E as piores perseguições a cristãos de todos os tempos ocorreram não sob um ditador romano, como Diocleciano no século IV, e sim em regimes como o norte-coreano ou até em democracias como a da Índia no século XXI. A Santa Sé elevou sua voz, mas foi escrita pela falta de escrúpulos e pelo fanatismo. E o papa não possui divisões – quanto a isso, Josef Stálin tinha razão.

Com frequência, Bento XVI exprimiu sua dor sobre essa impotência. Ao mesmo tempo, com o alemão no comando, o Vaticano tentou exercer sua influência na esfera política por outros caminhos. Poder-se-ia chamar essa influência vinda de Roma de "soft power". Esse conceito se deve a Joseph S. Nye Jr. Por ele, o politicólogo entende determinada maneira de os Estados ou as organizações internacionais terem influência. Pela primeira vez, o norte-americano utilizou o termo em seu livro *Bound to Lead: The Changing of American Power*, publicado em 1990. Ao contrário do *hard power*, o *soft power* é uma estratégia que favorece a influência indireta. Enquanto o *hard power* aposta na mobilização de fatores militares e econômicos, o *soft power* tenta atuar através de valores estéticos ou morais. Desse modo, segundo Nye, o próprio Estado ou a própria organização passa a servir de exemplo, fazendo com que outros se adaptem aos valores incorporados ou até mesmo os adotem. Assim, o *soft power* atua de maneira indireta, pois, embora não exerça uma influência imediata, altera a orientação de outro Estado e, por conseguinte, sua estratégia. Em palavras mais simples: o *hard power* funciona como um redutor de peso em uma dieta. Direta e imediatamente. De modo análogo, o *soft power* significaria explicar por que menos peso é um objetivo que vale a pena ser seguido e que tem como resultado a mudança de hábitos alimentares e a prática de exercícios físicos. Voltando ao campo da política, a revista semanal *Zeit* estabeleceu as seguintes comparações: "O *hard power* serve contra inimigos, mas geralmente não faz amigos; em contrapartida, o *soft power* faz com que se tenham menos inimigos e mais amigos". Com o *soft power*, Bento XVI tentou instaurar a dimensão moral do cristianismo. O cálculo por trás disso é simples: se os valores do cristianismo fossem impostos, isso seria mais efetivo e, sobretudo, mais duradouro do que qualquer sanção política: "Engrandecer Deus significa dar-lhe espaço no mundo, na própria vida, permitir que Ele entre em nosso tempo e em nossa ação – esta é a essência mais profunda da oração correta. Quando Deus é engrandecido, o homem não é diminuído: o homem também se engrandece, e o mundo se ilumina", disse Bento XVI em Altötting, quando visitou a Baviera. Esse é o *soft power* empregado por Bento. Sua estratégia faz lembrar uma cena do Primeiro Livro dos Reis: "E eis que passava o Senhor, como também um grande e forte vento que fendia os montes e quebrava as penhas diante do Senhor; porém, o Senhor não estava no vento; e depois do vento um terremoto; também o Senhor não estava no terremoto; e depois do terremoto um fogo; porém, o Senhor também não estava no fogo; e depois do fogo uma voz mansa e delicada" (1 Reis 19, 11-2). Não que o papa deva ser comparado a Deus. Contudo, a imagem é adequada, pois Bento XVI fez política como uma voz mansa e delicada.

Agora o papa Francisco terá de descobrir, em primeiro lugar, se essa voz mansa e delicada é suficiente e, em segundo, como a Igreja pode instaurar seu *soft power*. Em muitas partes do mundo, seus valores são cada vez menos compartilhados, e sua função de modelo, sua integridade moral, foi desgastada pelos casos de abuso sexual e por outros escândalos. De tempos em tempos, a voz mansa e suave de Bento corria o risco de se apagar em meio às queixas das vítimas e as acusações do público. Seu sucessor Francisco terá dificuldade para restituir aquela voz do admoestador que uma Igreja "profética" precisa ter. Mas somente assim a Igreja poderá preconizar seus valores e um dos seus principais objetivos no nível político e social: a paz.

A mobilização em prol da paz, do convívio de culturas, povos e religiões foi um dos principais desejos de Bento XVI. Seu nome não apenas é uma prova de seu interesse pela Europa, mas também, ao mesmo tempo, pela paz e pela mobilização em prol dela: "Eu queria me nomear Bento XVI porque, espiritualmente, gostaria de estabelecer uma ligação com o venerável papa Bento XV, que conduziu a Igreja no tempestuoso período da Primeira Guerra Mundial", proclamou o novo papa, em 27 de abril de 2005, a seus milhares de ouvintes e continuou a esclarecer a importância de Bento XV para o mundo, a Igreja e para ele pessoalmente: "Ele foi um profeta da paz corajoso e verdadeiro e, com grande bravura, esforçou-se primeiramente para evitar o drama da guerra e, em seguida, para conter seus efeitos nefastos. Eu gostaria de conduzir meu cargo seguindo seu exemplo a serviço da reconciliação e da harmonia entre os homens e os povos, tendo a convicção de que o grande bem da paz é, sobretudo, uma dádiva de Deus, uma dádiva frágil e valiosa, que deve ser rogada, protegida e construída dia após dia com a contribuição de todos".

A paz era o grande projeto de Bento XVI, e ele deixou ao mundo inúmeros exemplos do que é preciso ser feito para obtê-la. O diálogo inter-religioso, a preservação da criação ("Se você quer a paz, preserve a Criação"), a ecologia humana: tudo isso também deveria servir especialmente para o projeto de paz, além de assegurar e ajudar a formar o futuro da Terra.

Foi uma imagem singular a que se ofereceu ao observador em outubro de 2011 diante da basílica de Assisi. Ao fundo, a imponente fachada cinza-esbranquiçada. Na frente, centenas de pessoas olhavam para um pequeno grupo de sete homens. No centro, um homem todo de branco, rodeado por outros de laranja, preto e púrpura. O homem de branco começa a falar e diz: "O encontro de hoje ilustra o fato de que a dimensão espiritual é um elemento-chave para a construção da paz. Com essa única peregrinação, foi-nos possível conduzir um diálogo fraternal, aprofundar nossa amizade e nos reunirmos em silêncio e oração". O mundo inteiro conhece essa voz fina, o leve falsete que é a voz de Bento XVI. Os homens ao seu redor estão entre os líderes religiosos e confessionais que foram à Basílica de São Francisco de Assis para promover o diálogo inter-religioso. Foram convidados por Bento XVI, e o evento deu sequência aos encontros pela paz mundial, iniciados por João Paulo II. Além dos sete, compareceu um total de trezentos representantes de 12 religiões de mais de cinquenta países. Aliás, do primeiro encontro, em 1986, Joseph Ratzinger, então prefeito da Congregação pela Doutrina da Fé, não participou; seu ceticismo devia ser grande demais. O fato de Bento XVI ter marcado essa quarta oração pela paz como papa mostra a importância que ele dedicou às religiões como mediador e pacifista. Entretanto, há um perigo nessa apreciação: o de se ver a conversa entre as religiões como um diálogo social ou político, e não teológico. E, de fato, Ratzinger mencionou certa vez que um diálogo "teológico" em sentido estrito é impossível. Com isso, ele quis dizer que "não é possível um diálogo real sobre a decisão da fé sem excluir a própria fé". Em outras palavras: há coisas sobre as quais não se pode propriamente discutir. Em primeiro lugar, porque o próprio ponto de vista é pressuposto como verdadeiro no cerne da questão. Em segundo, porque a decisão a esse respeito ainda não pode sequer ser colocada à disposição. E, em terceiro, porque, segundo Ratzinger, um verdadeiro fiel acreditará nisso como a absoluta verdade. Essa decisão de aceitar esse fato como verdade e acreditar nele seria extraído de um discurso racional em sentido estrito.

Ratzinger designa o diálogo inter-religioso em sentido estrito como realmente impossível e, ao mesmo tempo – e isso é importante –, caracteriza o diálogo intercultural como necessário. Este teria uma importância decisiva, pois "aprofunda as consequências culturais da decisão de fé que lhe é subjacente" e seria imprescindível para o convívio das culturas na prática. Essa visão deparou com muitas críticas, inclusive nos círculos católicos. De fato, não é simples reconhecer por que a decisão de fé não pode sequer ser discutida. Será que se corre automaticamente o risco de se ver encerrado em um círculo quando se discute a própria fé e se recorre à própria decisão? Justamente o encontro em outubro de 2011, em Assis, evocava a história de São Francisco de Assis e sua discussão com o sultão Al-Kamil Muhammad al-Malik. Durante a Cruzada, São Francisco teria entrado a cavalo no acampamento do sultão e conversado com ele sobre o "Deus trino e Jesus Cristo, redentor de todos os homens". Ao final, segundo a lenda, ambos ficaram impressionados um com o outro e, em seguida, teriam orado para o Deus trino e para Alá.

Eis por que a visão de Bento sobre o diálogo inter-religioso e interconfessional é complicada. Por um lado, ele enfatizou as diferenças com mais clareza do que seu antecessor e não teve medo de nomear claramente os limites, às vezes até indo longe demais e quase fazendo provocações. No entanto, à sua maneira, de certo modo ele promoveu uma recomposição inter-religiosa e interconfessional, limpou o terreno do discurso teológico e politicamente correto e criou um espaço onde se pode trabalhar com mais clareza. Por um lado, isso lhe custou muita simpatia. Por outro, em muitos aspectos Bento XVI deixa a seu sucessor relações fortalecidas com as outras religiões e confissões. Segundo o ex-chefe de Estado Shimon Peres, a relação com o judaísmo, por exemplo, nunca foi "tão boa desde os tempos de Jesus", apesar das graves crises desencadeadas pelo caso da Irmandade de São Pio X ou pela indignação com a oração da Sexta-Feira Santa. O diálogo com os muçulmanos também se intensificou depois de ter passado por um período de silêncio, em consequência do discurso proferido em Regensburg. Contudo, ao final do pontificado, o papa deixa um diálogo em funcionamento com o Islã, sobretudo porque, apesar de atos de crueldade como o assassinato do bispo Luigi Padovese na Turquia, as ações diplomáticas foram inteligentes. Resta saber se o papa Francisco seguirá a interpretação de seu antecessor e, em primeira instância, apostará em um diálogo intercultural. O mesmo vale para o ecumenismo, no qual sobretudo o convívio com as igrejas ortodoxas e as antigas igrejas orientais foi reforçado e aprofundado. Em contrapartida, o diálogo com as igrejas evangélicas se deu com mais resistência, embora tenham permanecido frases como as seguintes, ditas por Bento XVI: "O ecumenismo não é mera estratégia de comunicação em um mundo que passa por mudanças, e sim uma obrigação fundamental, uma missão da Igreja". "Atualmente, o diálogo ecumênico já não pode ser separado da realidade e da vida a partir da fé em nossas igrejas sem causar danos a elas próprias." A aproximação das igrejas reformadoras ocorreu em menor medida. Em muitas questões, Bento XVI percebeu que havia chegado a um limite. Será que Francisco mudará alguma coisa em relação a isso? Com certeza, ele se libertará do fardo de Bento XVI, que é o de provir do país da Reforma, e, assim, por um lado, da suspeita, por parte dos círculos C & C, ou seja, dos católicos e conservadores, de abandonar as características católicas. Ao mesmo tempo, sobre o papa Francisco não pesam as expectativas de muitos participantes ecumênicos que nada têm a ver com a realidade do diálogo. É bem possível que o novo papa fique livre da suspeita precipitada e das grandes expectativas e consiga agir melhor no diálogo com luteranos ou protestantes. Entretanto, do mesmo modo, pode acontecer, por exemplo, de os luteranos alemães sentirem que o diálogo com eles é menos importante para Francisco e esteja estabelecido bem embaixo na lista de prioridades.

Muitas vezes, Bento XVI designou seu serviço como jugo e si mesmo como "animal de carga de Deus". Sem dúvida, o papado é um peso difícil de ser carregado por qualquer um. A renúncia de Bento XVI pode ter aliviado um pouco esse peso. Afinal, sua decisão não foi a primeira do gênero, pois, em 1294, Celestino V também depôs a tiara. Não obstante, a renúncia do papa alemão entrará para a história da Igreja; disso já não há dúvida hoje. Para todos os sucessores, essa decisão tem não apenas um valor histórico, mas também um significado atual. A possibilidade da renúncia sempre existiu. No entanto, Bento XVI foi o primeiro a ter coragem e a tomar a resolução de utilizá-la e, assim, liberar-se da etiqueta da possibilidade meramente teórica. A decisão destrói leis centenárias: com ela, um papável mais velho já é automaticamente considerado um candidato para a transição, enquanto um mais jovem sempre tem de lutar contra o ceticismo de ocupar o cargo máximo da Igreja por talvez vinte anos ou mais. O papa dissolveu essa ordem rígida, que quase correspondia a um direito consuetudinário. Por certo, este é um dos mais importantes frutos que o Santo Padre deixou a seus sucessores e à sua Igreja depois de renunciar.

Esse fato também contém certa ironia: justamente Bento XVI, justamente Joseph Ratzinger, difamado como "cardeal tanque de guerra" ou "rottweiler de Deus", mostrou fraqueza humana e força humana nessa fraqueza. Enquanto Gregório VI ainda partia do princípio de que, ao elevar-se ao trono de São Pedro, o papa automaticamente se torna santo, Bento XVI estava muito consciente de quão falível o homem pode ser, de que ele é santo e pecador ao mesmo tempo, como se lê em São Paulo. Antigamente, sempre que um papa era coroado praticava-se um costume para que ele se lembrasse justamente disso. Queimavam-se três feixes de estopa e, ao mesmo tempo, sussurrava-se ao pontífice: "Sancte Pater, sic transit gloria mundi" ("Santo Padre, assim passa a glória do mundo"). Bento XVI, que cresceu em meio à simplicidade do campo na Baviera, não teria precisado dessa advertência.

De maneira totalmente espontânea, em um de seus primeiros discursos como novo papa, ele pediu aos jovens que o apoiassem: "Caminhemos juntos, permaneçamos juntos. Confio em seu apoio. Peço-lhes tolerância quando eu cometer erros, como qualquer ser humano, ou quando não se entender alguma coisa que o papa, por sua própria consciência ou pela consciência da Igreja, tiver de dizer e fazer. Peço sua confiança". Imaginem-se um diretor executivo de uma empresa qualquer e o efeito que teria uma confissão de fraqueza como essa. Em seguida, imagine-se que o chefe de uma das mais poderosas organizações do mundo, o líder espiritual de mais de um bilhão de pessoas, pede tolerância e confiança. Talvez somente então tomemos consciência da dimensão humana de que dispunha Bento XVI. Ele estava em condições de admitir que era inadequado para o cargo – infelizmente, não lhe ocorreu que era muito menos inadequado do que outros para assumir a responsabilidade. Bento XVI dispôs dessa força especial porque, no fundo, sentia-se comprometido com Deus. Segundo Robert Zollitsch, presidente da Conferência Alemã dos Bispos, sua renúncia foi "expressão de uma vida fiel, que têm consciência de duas coisas: da dignidade humana, que, sustentada pela missão da Igreja, consiste em testemunhar Deus neste mundo; mas é também expressão de uma vida fiel que tem consciência da finitude do homem, finitude essa que o motiva a reconhecer os limites estreitos da própria força e, por fim, a viver da confiança de que é Deus, e não o homem, que traz o êxito". Assim como Bento XVI aceitou seu cargo porque se sentiu comprometido com Deus, também renunciou a ele ao ver que já não estava em condições de exercê-lo: "O Senhor me chama para 'subir no monte', a fim de que eu me dedique ainda mais à oração e à contemplação", disse o Santo Padre em seu último ângelus. "Contudo, isso não significa abandonar a Igreja; ao contrário, se Deus exige isso de mim é porque posso continuar a servir à Igreja com a mesma dedicação e o mesmo amor com que fiz até o momento, só que de uma maneira que corresponda à minha idade e às minhas forças."

Na época, esta última declaração dominical levou às lágrimas muitos dos milhares que se encontravam na Praça São Pedro. Foi não apenas uma despedida emocionada, um esclarecimento de sua decisão. Com sua renúncia, Bento XVI pôs em prática o que ele sempre reclamou na teologia e na teoria. A decisão de abdicar do papado foi a personificação última da síntese de vida de Bento XVI, a síntese da fé e da razão. Por motivos racionais, o Santo Padre considerou que continuar no cargo seria uma irresponsabilidade. Ao mesmo tempo, acreditou que Deus o conduziu a essa decisão. Disse que Deus o tinha chamado – um chamado que ressoa na última instância do homem, na consciência.

No início de sua carreira, a consciência não era um tema especialmente importante para o jovem teólogo Joseph Ratzinger. Com o passar do tempo, isso mudou. A beatificação do cardeal John Henry Newman é um indício manifesto disso. Newman desenvolveu a doutrina católica da consciência de maneira grandiosa. O fato de Bento XVI tê-lo beatificado pessoalmente durante sua viagem à Grã-Bretanha mostra não apenas a estima de que goza Newman, mas também a importância do tema da consciência. Isso se torna ainda mais evidente quando Bento lê a declaração de sua renúncia: "Depois de ter colocado minha consciência à prova reiteradas vezes perante Deus, alcancei a certeza de que, em consequência da idade avançada, minhas forças já não são adequadas para exercer de maneira apropriada o serviço de São Pedro". Dois anos antes, ele já contara em Sulmona sobre Celestino V, o primeiro papa a renunciar voluntariamente: "Assim foi para São Celestino V: ele sabia como seguir a própria consciência e obedecer a Deus, ou seja, como agir sem medo e com grande coragem. Mas não teria sido a decisão de São Pedro Celestino pela vida de ermitão uma decisão individualista, uma fuga da responsabilidade? Por certo, essa tentação existe. Porém, nas experiências aprovadas pela Igreja está a vida solitária da oração e da penitência, sempre a serviço da comunidade; uma vida aberta aos outros e nunca em oposição às necessidades da comunidade".

Com seu passo espetacular, Bento XVI mostrou ao mundo que ele não se deixou corromper pelas tentações do poder. Pouco depois de sua renúncia, durante o ângelus, ele falou das tentações e esclareceu: "O tentador é pérfido. Ele não impele diretamente ao mal, e sim através de um falso bem, fazendo acreditar que as verdadeiras realidades são o poder e que as necessidades básicas são satisfatórias. Assim, Deus passa para segundo plano, é reduzido a um meio, acaba se tornando irreal, já não conta, volatiliza--se". Proclamar Deus como fonte de toda vida e de toda alegria foi o programa do pontífice. Nesse sentido, ele não podia permitir que, devido ao desejo falso pelo poder, justamente essa fonte começasse a se volatilizar. Em vez disso, Bento XVI mostrou como o pastor supremo da Igreja Católica tem de colocar-se à prova e que, nesta era globalizada, devem ser feitas outras exigências ao chefe de uma comunidade atuante no mundo inteiro. Com isso, Bento XVI, que sempre foi apontado como sobrevivente de um tempo passado, como inimigo da modernidade, tomou uma decisão que parece combinar muito bem com a pós-modernidade, que, no entanto, diviniza o sujeito e o eleva ao único critério relevante. Pois o Santo Padre também tomou sua decisão em liberdade. Porém, enquanto a pós-modernidade geralmente se contenta em apreciar essa decisão como valor em si, o pontífice alemão a colocou em um contexto mais amplo. No contexto da sua consciência, na qual, segundo Bento XVI, está Deus, que fala aos homens e os desafia a tomar uma decisão em liberdade. Com base nessa convicção e com uma coerência impressionante, o pontífice renunciante resgatou o que em 1993 pusera no papel: "Por isso, na realidade, o brinde à consciência (nota do autor: alusão a uma conhecida citação do cardeal Newman) deve anteceder aquele ao papa, pois, sem consciência, não haveria papado. Todo poder é o poder da consciência". Por essa coerência Bento XVI aceitou até a ruptura com a tradição do papado. O papa da Baviera, para quem a continuidade sempre foi uma característica decisiva da fé e da Igreja, violou essa continuidade. Assim, de certa forma, essa decisão também é uma "dessecularização". Na medida em que Bento XVI ainda está na Igreja, mas já não é dessa Igreja – ele quer permanecer e orar "em reclusão" –, ele cumpriu seu serviço para com essa Igreja. Bento XVI deixou a seu sucessor uma pesada herança em duplo sentido. Francisco terá de realizar reformas e forçar o avanço. Terá de adaptar-se aos novos dados demográficos e explorar novas regiões sem renunciar completamente aos antigos. Mais do que nunca, o novo pontífice terá de construir uma ponte entre o Ocidente e o Oriente, entre a tradição e a modernidade, entre os revolucionários, os reformadores e os reacionários. Bento XVI iniciou muitas coisas, mas também deixou muitas de lado. Não conseguiu regular muitas questões; de outras, não quis saber ou então não as viu como suficientemente urgentes. Este é um lado da herança deixada pelo papa alemão. O outro lado contém sua teologia, seu intelecto, suas capacidades pastorais, das quais ele dispôs sem nunca ter sido um "pastor" no verdadeiro sentido da palavra, um pastor popular. Ele praticou a cura das almas através de sua pregação e de seus inúmeros escritos. O mundo ainda lerá, assimilará e recitará por décadas e séculos esse papa da cidade de Marktl am Inn. Ele se ocupou da palavra em um nível que só pode ser alcançado com dificuldade. Suas encíclicas, seus sermões e, naturalmente, seus livros – sim, pois isso é algo que permanece, apesar de seu sermão pré-conclave – servirão de critério para medir seu sucessor. Francisco não terá de atingir nem a qualidade nem a quantidade. Sobretudo a quantidade não foi discutida. A produção de Bento XVI foi considerada de maneira crítica por muitos, que preferiam vê-lo reger a escrever. Assim como Bento XVI não deve ter conseguido nem tentado manter-se à altura de João Paulo II, o pescador de homens, Francisco também não é obrigado a conduzir um pontificado repleto de publicações como fez seu antecessor. Porém, uma coisa é certa: depois que Bento XVI tornou a Igreja e a fé socialmente aceitáveis graças à sua moderna interpretação da antiga expressão "fé e razão" no verdadeiro sentido do termo, sobretudo os círculos intelectuais da sociedade observarão com olhar arguto o novo papa e suas capacidades intelectuais. A herança de Bento XVI é complexa e multifacetada. Como na parábola bíblica, ele deixou talentos com os quais é possível prosperar. O papa alemão reabriu as portas para a liturgia da estética. Ao mesmo tempo, reforçou e enfatizou o coração da liturgia, a eucaristia. Foram decisões importantes e corretas, que Bento XVI aconselhou à sua Igreja. A cerimônia de entronização do papa Francisco é o melhor exemplo disso: pouco antes de sua renúncia, Bento XVI alterou o ritual da posse. De acordo com o mestre de cerimônias Guido Marini, "sempre foi um desejo [do papa] distinguir melhor a Santa Missa dos outros rituais que dela não fazem parte diretamente". Por isso, segundo Marini, a cerimônia de posse "antecederá a Santa Missa e não mais será realizada ao longo dela". Tal como na liturgia, também no diálogo inter-religioso, na pregação e na nova evangelização ele enfatizou alguns aspectos e deixou certas marcas que poderão servir de ponto de partida para seu sucessor.

Além desses legados de conteúdo, de Bento XVI também permanecerá o modo como foi papa, como interpretou o cargo do "representante de Cristo na Terra". Valores como humildade, modéstia e reserva também foram encarnados por João XXIII, que, com grande sinceridade, combinou essas virtudes no encontro pessoal e no carisma popular. Assim, do seu ponto de vista, ele cumpriu sua missão até o fim, e este é o fruto mais pessoal que ele deixa como legado. Ele exerceu seu cargo com uma coerência rara. A palavra latina para isso é *magisterium* e se adapta muito bem ao caso de Bento XVI: originariamente, *magisterium* significa o ofício que a Igreja Católica atribui a cada um de seus seguidores e ao papa em especial. Bento realmente fez do papado o seu ofício. Como Jesus Cristo e como ofício, ele orientou seu *magisterium* coerentemente pela palavra. O Santo Padre tentou cumprir seu cargo com suas capacidades pessoais, com sua fé e com sua razão. Ele sabia que esta seria uma parte decisiva de seu legado à Igreja. E chegou a aludir a isso certa vez, em 27 de fevereiro de 2008, em sua última catequese de quarta-feira sobre Santo Agostinho. Assim disse Bento XVI na época: "Ele aprendeu a comunicar sua fé às pessoas simples e, assim, a viver para elas naquela cidade que se tornou sua, e exerceu incansavelmente uma atividade magnânima e trabalhosa, que descreveu da seguinte forma em um belíssimo sermão: 'Sempre pregar, discutir, advertir, edificar e estar pronto para cada um. Este é um grande peso, uma forte pressão, uma obra difícil' (Sermão 339,4). Mas carregou esse peso, pois entendeu que era exatamente assim que podia aproximar-se de Cristo. Para entender que se chega ao outro através da simplicidade e da humildade essa foi sua verdadeira e segunda conversão". Nesse dia de fevereiro, Bento XVI não fez nenhuma comparação entre seu serviço e o de Santo Agostinho, pelo menos não expressamente. Pois, na verdade, essa comparação pode ser lida nas entrelinhas: "Ao renunciar a uma vida puramente meditativa, ele aprendeu, muitas vezes com dificuldade, a colocar o fruto de sua inteligência à disposição dos outros". Palavras que descrevem ambos, o doutor da Igreja Agostinho e o papa Bento XVI. Palavras como a do cardeal Ratzinger antes do conclave. Palavras que só desdobram toda a sua profundidade e a sua extensão em retrospectiva.

COMO ESTÁ: A SITUAÇÃO DA IGREJA UNIVERSAL

Ela perdeu o campeonato que tinha o céu como prêmio. Contra os arranha-céus gigantescos de Nova York, a catedral de St. Patrick não tem a menor chance, mesmo erguendo suas duas torres góticas a mais de cem metros de altura. Por mais imponentes que possam ser sua fachada de mármore e o portão de bronze, eles parecem minúsculos diante das colunas de janelas de vidro e concreto de gigantes como o Rockefeller Center, bem à sua frente. Os semáforos mudam em alta velocidade, e os sinos de St. Patrick parecem bater mais lentamente. Ali, na Fifth Avenue, a catedral fica apenas a 15 minutos do Financial District e da Wallstreet. Ela é a sede episcopal da arquidiocese de Nova York e, por conseguinte, igreja matriz de mais de cinco milhões de católicos. Esse número cresce constantemente devido à afluência de imigrantes da América do Sul e da América Latina. Eles trazem consigo não apenas seu dialeto, sua gastronomia e sua tradição, mas também sua fé. Desse modo, a devoção popular dos latino-americanos mistura-se ao liberalismo dos nova-iorquinos, formando um caldeirão intercultural e inter-religioso. Assim, a catedral de St. Patrick e seus fiéis elucidam boa parte dos desafios diante dos quais se encontra a Igreja não apenas em Nova York ou nos Estados Unidos, mas em todo o mundo: o encontro de tradição e modernidade também dentro da Igreja. A mudança da estrutura demográfica saiu de uma estrutura "branca" para outra "colorida", de uma Igreja do "primeiro mundo" para outra do "terceiro mundo". Tanto a catedral, Wallstreet, e a cotação da bolsa, de um lado, quanto os valores bíblicos, de outro, indagam qual a capacidade ética e social que a Igreja do século XXI tem para deixar sua marca. Acrescente-se a isso a antiga tensão do consumo e do catolicismo, entre aquilo que pertence ao imperador e aquilo que pertence a Deus. St. Patrick simboliza a missão da Igreja de aceitar o mundo globalizado com suas oportunidades, ao mesmo tempo tornando visível sua própria identidade, sem cair em uma profissão de fé voltada a um público restrito. Portanto estar no mundo sem ser do mundo. Em St. Patrick e em seus arredores, percebe-se o encontro de diferentes ambientes religiosos e como isso pode ser enriquecedor e, ao mesmo tempo, oneroso. A igreja episcopal, que não fica longe do Times Square, pode até ser apenas um recorte do quadro geral, não mais do que isso. Porém, ela é um bom ponto de partida para sabermos mais sobre a situação da Igreja Universal no século XXI.

O chefe da catedral de St. Patrick estava presente em Roma quando o argentino Jorge Mario Bergoglio foi eleito o novo papa. No início, Timothy Dolan chegou a ser considerado um dos candidatos; mais tarde, ele e seus colegas americanos avançaram até se tornarem um fator importante no conclave. A eleição de Bergoglio é a prova mais segura de que o velho eurocentrismo da Igreja foi abalado. Em St. Patrick, isso pode ser observado de modo bastante concreto todos os domingos às 16 horas, por exemplo. Em seguida, a missa é celebrada em espanhol, e fiéis do México, de Porto Rico ou da Argentina se ajoelham nos bancos. Em Nova York, os hispânicos compõem quase 50% de vários bairros, um fato que se adapta à situação demográfica da Igreja. Metade de todos os católicos provém da América Latina, apenas um quarto se encontra na Europa. No início do século XX, era exatamente o contrário. Na época, apenas 25% de todos os católicos vivia fora da Europa. A América Latina tornou-se o ponto principal da Igreja, e a escolha de Francisco é uma declaração geopolítica.

Em tempos em que, com o Brasil entre os BRICS (união das economias políticas emergentes: Brasil, Rússia, Índia, China e África do Sul), a América Latina já mostrou a importante posição que ocupa no mundo, um argentino no trono de São Pedro é o reconhecimento de que a sociedade latino-americana, com suas esperanças e preocupações, passa a ser mais considerada.

Os números impressionantes da Igreja latino-americana não enganam: sua dificuldade para se afirmar é cada vez maior. Nos últimos anos, novos campos problemáticos se abriram no subcontinente, colocando as igrejas locais diante de imensos desafios. Um primeiro exemplo é a situação de concorrência, que se tornou claramente mais difícil. As igrejas pentecostais são vistas como mais carismáticas e atuais por muitos fiéis. Elas agem de maneira mais agressiva e, muitas vezes, também mais profissional, quando se trata de angariar novos membros. Segundo uma estatística, no Brasil, país com a maioria dos católicos no mundo, todos os anos, cerca de um por cento de todos os membros deixa a Igreja Católica ou morre. O pentecostalismo se aproveita disso de uma maneira que a Igreja Católica não consegue colocar em prática. Há mais de trinta anos o bispo Erwin Kräutler dirige a maior diocese do Brasil em termos de superfície, a prelazia territorial do Xingu, e há anos testemunha de perto o crescimento do pentecostalismo: "Há muitos movimentos fundamentalistas agressivos, que encontram uma grande clientela. Também é necessário ver esse fato no contexto social. Por aqui, as pessoas têm um vocabulário muito limitado. Então chega um pregador bem eloquente, que, literalmente, inferniza sua vida. Seja como for, essas pessoas já vivem no inferno neste mundo, e então chega alguém que ainda lhes promete o inferno no mundo que está por vir. É como uma lavagem cerebral". A Igreja tenta opor-se, rebatendo os ataques dos pentecostais de diversas maneiras. Em suas fileiras também há carismáticos que entusiasmam milhões. O padre brasileiro Marcelo Mendonça Rossi é uma grande estrela da mídia. Seu programa radiofônico diário é ouvido por até 15 milhões de pessoas. Em São Paulo, com os rendimentos da venda de CDs e livros como *Ágape*, que no Brasil lideram as listas de *best-sellers* e paradas de sucesso, Rossi mandou construir um templo gigantesco, com espaço para cem mil fiéis. Como figura simbólica da "Renovação Católica Carismática", Rossi tenta contrabalançar os pentecostais, aproveitando, ao mesmo tempo, elementos semelhantes aos que estes utilizam em suas missas para animar, sobretudo, os católicos jovens e atraí-los ou trazê-los de volta à Igreja Católica. Com êxito, não são poucos os estudiosos de religião que veem principalmente em Rossi uma das principais razões para milhões de fiéis não deixarem a Igreja.

Contudo, a influência de Rossi não pode impedir a seguinte questão: por que a Igreja atual tem um êxito tão pequeno, enquanto os pentecostais têm um êxito tão grande? Há um bom número de respostas para essa pergunta. A Igreja da América Latina sofre uma desunião interna. Além disso, tensões entre círculos categoricamente conservadores e outros discretamente liberais tornam-se manifestas. Essa desunião se agrava com a frustração de muitos latino-americanos que há décadas se sentem menosprezados por Roma. O conflito em torno da teologia da libertação causou sérios danos à imagem do Vaticano. Em 1968, por ocasião da Segunda Conferência Geral do Episcopado Latino-Americano ("CELAM"), em Medellín, este foi um dos primeiros e decisivos acontecimentos para a teologia da libertação, cujo nome tem sua origem em um livro de Gustavo Gutiérrez. Para muitos latino-americanos, isso significou uma nova esperança. Era possível sentir certa inquietação nas paróquias e dioceses. E, como antes, inúmeros "teólogos da libertação" ainda atuam nas ruas e nos quintais das cidades latino-americanas: "É um absurdo completo dizer que a teologia da libertação morreu. Cada passo seu é dado no sentido de fazer com que as necessidades do povo sejam vistas assim como Deus a viu, e de fazer com que a Igreja se identifique com essas necessidades. Então, surge a pergunta: o que podemos fazer, que resposta podemos dar como Igreja?", esclarece o bispo Kräutler, que os fiéis no Brasil chamam apenas de dom Erwin.

A esse respeito, seu colega brasileiro, o cardeal Cláudio Hummes, formulou a frase que se tornou lendária: "Não é possível dar respostas antigas a perguntas novas".

Respostas novas tentam dar, sobretudo, as comunidades de base, que são extremamente importantes para a Igreja e a sociedade latino-americanas. Especialmente nos anos 1960 e 1970, esse tipo de comunidade serviu de modelo e portadora de esperança, e até mesmo teólogos europeus viram nela a reação adequada a uma Igreja em mudança, uma Igreja entre secularização e globalização. Há algum tempo, existem na Alemanha as "Pequenas Comunidades Cristãs" (KCG),* que mantêm ativa a vida paroquial em períodos de reformas estruturais e fechamento de igrejas e, ao mesmo tempo, promovem uma intensa inclusão dos fiéis, fazendo com que tenham uma participação ativa na "Igreja". Apesar dessas adaptações, foram-se os tempos de um entusiasmo romântico, e o modelo latino-americano não pode simplesmente ser copiado e transplantado para as circunstâncias alemãs. Há muito se reconheceu que o conceito das comunidades de base latino-americanas funciona porque se ajusta à situação atual do local, que é completamente diferente daquela na Alemanha. Na América Latina, a Igreja ainda deve ser uma "opção pelos pobres", e sua ação, bem como sua pregação, ajusta-se a países em que 80% da população vive parcialmente abaixo da linha de pobreza. Nas décadas passadas, sacerdotes, teólogos e fiéis do subcontinente desenvolveram diferentes estratégias para serem uma espécie de argamassa para as sociedades desorganizadas. Ficou conhecido o programa dos três passos, que define o procedimento da Igreja: ver – julgar – agir. Nesse meio-tempo, o programa dos três passos tornou-se um padrão internacional; porém, foi a teologia da libertação que deu o impulso decisivo, embora as primeiras ideias a respeito viessem da Europa, tendo sido elaboradas pelo cardeal belga Joseph Leon Cardijn. Foi o sacerdote operário que, nos anos

---

* Em alemão, Kleine Christliche Gemeinschaften. [N. da T.]

1920, fundou a Juventude Operária Cristã (JOC) e formulou o programa ver – julgar – agir como fio condutor. A teologia da libertação adotou essa ideia e tentou, a partir desse ponto de vista, responder aos problemas e desafios sociais. Alguns representantes interpretavam o Evangelho de uma maneira que conduzia a doutrina cristã mais para a ideologia política, transformando-a quase em propaganda. Alguns, mas não todos, entrelaçaram pensamentos marxistas a princípios cristãos.

O conflito com Roma, a censura a Leonardo Boff, um dos mais importantes mentores da teologia da libertação – censura essa que foi imposta pelo então prefeito da Congregação para a Doutrina da Fé, o cardeal Joseph Ratzinger –, escandalizou muitos fiéis e religiosos e levou muitos outros a romper com a Igreja. Entretanto, como antes, o programa ver – julgar – agir e as comunidades de base com suas cinco dimensões (a samaritana, a profética, a familiar, a litúrgica e a missionária) têm importância e poder criativo na América Latina. Será interessante ver como um papa latino-americano integrará esses fios condutores, sincronizando-os com a estratégia europeia. Na América Latina, por sua vez, a teologia tenta encontrar os próprios caminhos, pois sente que aqueles marcados pelo modelo europeu não são adequados e se mostram distantes da realidade. Por exemplo, nos últimos anos, a teologia feminista teve um constante aumento de sua influência, e as mulheres sempre desempenharam um papel decisivo nas comunidades de base. Fortalecer esta e outras correntes teológicas ou sociocaritativas, promover novas iniciativas e, ao mesmo tempo, esclarecer que se deve levar em conta a realidade local são ações que muitos latino-americanos esperam do papa Francisco. O abismo cada vez maior entre pobres e ricos e a miséria social que se agrava em muitos países deve finalmente ser percebida e, sobretudo, levada a sério pela Igreja como um todo.

Além disso, na América do Sul, a Igreja encontra-se diante do enorme desafio de esclarecer seu papel na política e na sociedade. Atualmente, esclarecer muitas vezes significa, a princípio, renovar. Sobretudo nos anos 1970 e 1980, alguns círculos eclesiásticos aceitaram ou toleraram calados certos regimes, quando não colaboraram com eles. O próprio Francisco esteve na berlinda como cardeal, e, de fato, sua função não é das mais claras. Do ponto de vista de muitas vítimas da ditadura, a Igreja tem sua dimensão profética – as admoestações foram negligenciadas ou negadas, o que levou a uma séria rejeição. E, mesmo após a queda do regime, a relação entre os poderosos da Igreja e os poderosos do Estado não se caracterizou absolutamente por uma distância construtiva: exemplo disso é a arquidiocese de San Salvador, antigo episcopado de Óscar Arnulfo Romero, um dos padres latino-americanos mais populares de todos os tempos. O clérigo, inicialmente mais conservador, tornou-se a voz e o rosto da teologia da libertação em El Salvador e, automaticamente, a imagem do inimigo do regime militar. Seus sermões encontraram atenção em El Salvador; amplas regiões do mundo o ouviam. Também o ouviram em 23 de março de 1980, quando o arcebispo Romero apelou ao exército e à polícia: "Nenhum soldado é obrigado a obedecer a uma ordem que contradiga a lei de Deus. Ninguém é obrigado a cumprir uma lei imoral. É chegada a hora de seguir a própria consciência, e não ordens pecaminosas". No dia seguinte, Romero pregava novamente, desta vez na capela do hospital "Divina Providencia". Ali, bem no altar, Romero foi assassinado em um atentado, cometido por alguém contratado pelos militares. O crime abalou o mundo; no entanto, até hoje círculos eclesiásticos não lidam bem com a pessoa do bispo mártir, pois nele veem um precursor de grupos de esquerda. Roberto D'Aubuisson Arrieta, que na época comandava os esquadrões da morte, nunca foi acusado, muito menos julgado. Em vez disso, conseguiu até mesmo ser promovido a um político bem-sucedido. Por outro lado, a Igreja está longe de reconhecer seu bispo assassinado; sua beatificação ou canonização está parada. Em 2007, durante sua viagem ao Brasil, Bento XVI esclareceu: "Certamente, o bispo Romero foi uma grande testemunha da fé, um homem de grande virtude cristã, que lutou pela paz e contra a ditadura e que foi assassinado durante a celebração da Santa Missa. Portanto, uma morte verdadeiramente 'digna de fé', a morte de uma testemunha da fé. O problema era que um lado político o reivindicava injustamente para si como figura de proa, como figura emblemática. Como colocar sua figura sob a luz correta e protegê-la dessas tentativas de instrumentalização? Este é o problema". Naquele momento, passou a exercer o cargo como sucessor de Romero o arcebispo Fernando Saénz Lacalle, nomeado em 1995 pelo papa João Paulo II – justamente Fernando Saénz Lacalle, ex-bispo militar do exército salvadorenho. Para muitos defensores de Romero, a escolha de Lacalle foi uma ironia amarga e uma prova de que, entre o Vaticano e a igreja local, havia um fosso que Roma claramente não estava disposta a aterrar. A causa "Romero" é um exemplo simples, porém significativo, para a Igreja latino-americana, que tem de superar seu passado e, ao mesmo tempo, encontrar seu novo caminho no presente, a fim de, no futuro, continuar a ser marcante nas sociedades do subcontinente. Outros casos, como a ascensão do ex-bispo Fernando Armindo Lugo Méndez a presidente do Paraguai, mostram o seguinte dilema: a Igreja tem de ser política e, ao mesmo tempo, preservar certa neutralidade. Enquanto o socialismo na América Latina viveu uma ascensão, dignitários manifestamente conservadores mantiveram o poder de ação em muito locais. Eles se mostram em contraste com as comunidades e os religiosos, que, na sucessão dos teólogos da libertação, tentaram manter-se fiéis à Igreja, sem abandonar a missão de Jesus de ir até os mais pobres. O conflito com os regimes produziu heróis como Romero, bem como homens da Igreja que seguiram o poder, mas não a moral.

Depois de encerrada a maioria das ditaduras políticas, a Igreja se vê diante de novos poderes, dos quais os cartéis de drogas no México são um exemplo. A América Latina busca as forças moderadas, que não são reacionárias nem muito revolucionárias a ponto de deturpar a mensagem central do Evangelho.

Em algumas regiões, essa busca é bem-sucedida e poderia servir de guia não apenas para a América Latina: esses exemplos bem-sucedidos poderiam servir de ponto de partida para iniciativas que interligassem corretamente a dimensão social, política e anunciadora. Ao mesmo tempo, com o prazer pela liturgia e a prontidão para celebrar a missa no mais autêntico sentido do termo, a Igreja na América Latina poderia tornar-se vital para a Igreja universal como um todo. "Nos próximos dez anos, o destino da fé católica dependerá, em grande parte, da América Latina", já dizia há seis anos Guzmán Carriquiry, professor universitário no Uruguai e secretário da Pontifícia Comissão para a América Latina. "Se a fé católica na América Latina se enfraquecer, isso seria uma grande perda para nossos povos, mas as consequências para Igreja Universal seriam muito mais graves."

O fardo como Igreja do futuro, a difícil situação entre regime e população, a luta pela posição correta como mediadora e admoestadora, tudo isso se refere não apenas à Igreja na América Latina. Em muitos países da África, o segundo continente a se tornar cada vez mais importante do ponto de vista demográfico, os sacerdotes e os fiéis encontram-se diante das mesmas dificuldades. No Zimbábue, não são poucos os sacerdotes ligados ao regime de Robert Mugabe; há importantes exemplos a respeito. Patrick Chakaipa, antigo arcebispo da capital Harare, foi amigo pessoal do ditador. Por outro lado, o arcebispo Pius Ncube era considerado um crítico acerbo e corajoso de Mugabe, até ter sido obrigado a deixar o cargo por envolvimento em um escândalo sexual, que ele aventou ter sido uma conspiração. Nos últimos anos, a Igreja no Zimbábue publicou corajosas cartas pastorais colocando-se contra Mugabe. Em contrapartida, religiosos eminentes, como o ex-jesuíta provincial Fidelis Mukinori, mancomunam-se com Mugabe, lançando, assim, uma sombra escura sobre a Igreja.

Mais grave ainda é o caso de genocídio em Ruanda, em que sacerdotes incitaram e até estimularam a violência contra os tutsis, conforme ficou provado. Inicialmente, o padre Athanase Seromba foi condenado a 15 anos de prisão e, mais tarde, à prisão perpétua.

Ao mesmo tempo, locais de peregrinação como Kibeho, em Ruanda – o primeiro a ser oficialmente reconhecido pela Igreja como o local de aparição de Nossa Senhora na África e, em 1995, palco de um terrível massacre –, são vistos como catalisadores em prol da reconciliação e, portanto, símbolos de esperança para um futuro de certa forma pacífico e melhor no continente. Uma esperança que é importante não apenas para os habitantes. Apesar dos problemas ilustrados, a Igreja como um todo olha para a África com tensão e expectativa. Para o continente e seus católicos, vale o que Bento XVI disse em 2006: "O continente africano é a grande esperança da Igreja".

Essa esperança é legítima, mas precisa de mais reflexão, pelo simples fato de que o Ocidente tem a tentação de projetar suas expectativas em um continente que tem sua própria história, sua própria sociedade e, sobretudo, sua própria espiritualidade, que não podem ser facilmente comparadas ao caráter europeu. Mais problemático é o fato de que muitos católicos ocidentais tendem, automaticamente, a colar determinada etiqueta na teologia e na espiritualidade africanas só por elas serem novas e desconhecidas. As discussões perante o conclave mostram isso muito bem. Muitos gostariam de ter um "papa negro", ligando a isso a esperança de que, assim, a Igreja seria conduzida de forma um pouco mais liberal. É claro que existem liberais e progressistas entre os homens africanos da Igreja. Entretanto, de modo geral, em muitas partes da África há um conservadorismo teológico e ético que decepcionaria católicos ocidentais que desejam uma mudança intelectual e moral na Igreja. Em algumas regiões e em alguns círculos, esse conservadorismo é uma mistura tosca de tradição, superstição e influências ocidentais. A união de crenças supersticiosas em feiticeiros com a ambição por riqueza e poder financeiro, por exemplo, vive um *boom*. O poder sobre as pessoas, que desde sempre é uma característica de "feiticeiros" ou "magos" da crença popular, é substituído pela promessa ou pela convicção de que se pode ter influência sobre o êxito econômico. Na África Oriental, os chamados "curandeiros" já não se limitam a aspectos espirituais ou físicos. Eles oferecem pós, pastas ou evocações, com os quais o cliente pode comprar seu sucesso nos negócios. Orientações de pensamento como a teologia da prosperidade animam a antiga filosofia "do, ut des",* revestindo-a com uma roupagem globalizada, voltada para a economia de mercado. Dinheiro contra dinheiro mais orações, eis a nova equação. Surgiu uma verdadeira indústria, como esclareceu certa vez Anthony Okogie, ex-arcebispo de Lagos, em uma entrevista: "Hoje, o caminho mais rápido para se conseguir dinheiro é andar com uma Bíblia embaixo do braço e pregar a palavra de Deus". Desse modo, Okogie descreve o fato de que essa moda não se limita absolutamente a grupos ligados ao ocultismo. O "cristianismo como negócio", tal como representado por pregadores como o norte-americano Rich Warren, atrai uma grande multidão de fiéis. Em países cuja situação socioeconômica é catastrófica, em camadas da população que há gerações vivem na indigência e já estão fartas de passar fome, as promessas dos que pregam o "cristianismo como negócio" são absorvidas como uma gota d'água no Saara. A fé em Deus garante a salvação na Terra, e essas promessas suplantam cada vez mais as doutrinas tradicionais da Igreja Católica. Grupos como "The Winners Church", na Nigéria, apontam a direção a ser tomada. Trata-se da salvação na Terra, não no céu. Bem-aventurados não são mais os fracos, e sim apenas os fortes. Quem não é bem-sucedido não subornou Deus ou os deuses o suficiente e, portanto, é culpado de seu próprio fracasso. Trata-se, por assim dizer, de um darwinismo religioso.

O número crescente de membros da Igreja Católica na África tem de ser comemorado com cautela e por outra razão. Ele tem uma relação significativa com o crescimento demográfico e com o aumento geral da população. Em algumas regiões, evangélicos

---

* Em latim: dou para que dês. [N. da T.]

e membros de igrejas livres têm um sucesso bem maior, enquanto também na África a Igreja se encontra em uma situação de concorrência que só se agrava. Essa situação piora com a expansão do islamismo, que em muitas regiões age de forma extremamente ofensiva e agressiva. Além disso, as tradicionais religiões naturais mantêm sua influência. Estatísticas mostram que o número de fiéis animistas chega a atingir 20% de toda a população. Não menos problemática é a coexistência de superstição e cristianismo. Fé e razão, a principal máxima de Bento XVI, pode até ter dado trabalho aos folhetins europeus, mas na selva ou na savana essas reflexões quase não têm influência. Para muitos cristãos africanos, a oração ao Deus cristão, pela manhã, e a invocação de deuses animistas da natureza, à noite, não formam nenhuma contradição e se realizam normalmente. Segundo um ditado popular em Burkina Faso, 50% da população é muçulmana, 50% é cristã e 100% é animista. A Igreja Católica Oficial tenta impedir esse sincretismo, mas muitas vezes se vê lutando em uma batalha já perdida. Por um lado, isso se deve às sociedades fechadas, que são encontradas sobretudo no campo. Mas também se deve a fatores práticos, em parte muito simples: com frequência, faltam Bíblias nas respectivas línguas ou nos respectivos dialetos – com mais de duas mil línguas, certamente este é um enorme desafio –, e a forma correta e adequada de lidar com o Evangelho continua sendo uma tarefa essencial para a Igreja Católica na África. Por ocasião do Sínodo da África, em 1994, foram elaborados dois critérios que, *grosso modo*, deveriam estabelecer uma orientação. A "compatibilidade com a mensagem do Evangelho" e a "concordância com a comunidade eclesiástica" seriam decisivas, conforme formula Philippe Ouédrago, bispo de Burkina Faso: "Isso não significa que não nos adaptamos ao nível litúrgico da cultura nativa, pois integramos, por exemplo, cantos e danças de nossa gente à configuração da missa". No entanto, ainda há muito a ser feito.

A questão da inculturação e da compatibilidade entre teoria e prática, doutrina e vida coloca-se não apenas na tão citada e, como sempre, tão urgente problemática do HIV: os bispos africanos se viam e se veem diante da questão de como, por exemplo, lidar com fiéis que praticam a poligamia e somente depois se decidem pelo cristianismo. A linha de Roma é clara: esses cristãos não são admitidos nos sacramentos. Desse modo, surgem no caso concreto enormes dificuldades. Seria a exclusão de uma ou mais mulheres em prol do sacramento uma decisão eticamente correta? Não estaria a Igreja pondo em risco a existência dessas mulheres? O direito canônico diz: "Pode-se imaginar o conflito interno que sente alguém que queira se converter ao Evangelho e, por isso, tenha de deixar uma ou mais mulheres, com as quais conviveu durante anos. Entretanto, a poligamia não é compatível com a lei dos costumes, pois 'contradiz radicalmente' a união conjugal. 'Ela nega, de maneira direta, o plano de Deus, tal como revelado no início; pois ela contradiz a dignidade igual e pessoal do homem e da mulher, que no matrimônio se doam com amor um ao outro, e justamente por isso o matrimônio é único e exclusivo'". Entretanto, no Sínodo da África de 2009, vários bispos africanos exigiram uma posição menos rígida, especialmente em relação às mulheres que entraram de maneira inocente na poligamia, mas que mesmo assim foram excluídas dos sacramentos.

Outro ponto de vista importante é a formação dos sacerdotes. De modo geral, os seminários africanos não podem ser comparados aos europeus ou norte-americanos. Às vezes, seu nível teológico se mostra claramente abaixo dos padrões ocidentais. Para dificultar, a carreira de sacerdote é entendida exatamente como diz o nome, ou seja, como carreira. Não raro, o serviço na Igreja representa a única possibilidade de ascensão, tal como ocorria na Europa na Idade Média e no início da era moderna. Esse fato influencia muitos candidatos. O orgulho de pertencer à classe eclesiástica e a exagerada mentalidade hierárquica não são raridades. Por essa razão, os responsáveis têm a obrigação de não se deixarem empolgar pelos impressionantes números de adesão e de examinar cuidadosamente as vocações.

A Igreja na África tem anos promissores pela frente. Ela tem de ser política sem cultivar a proximidade fatal e criminosa com os detentores do poder, tal como muitas vezes ocorreu no passado. Ela precisa levar em conta as circunstâncias e as tradições regionais e, ao mesmo tempo, preconizar claramente o Evangelho, sem aceitar um perigoso sincretismo. A Igreja não pode deixar de cumprir sua responsabilidade caritativa, quer esta se refira a projetos sociais, quer inclua conventos ou abrigos para mulheres e moças que fogem do casamento forçado ou da poligamia. A Igreja tem de renovar seu passado e esclarecer sem reservas crimes como a cumplicidade de sacerdotes no genocídio de Ruanda. Ela precisa dominar com maestria o espaço entre a doutrina cristã e a terrível situação dos infectados pela Aids, espaço esse que, no final, só pode significar a intervenção em favor dos doentes, o que coloca freiras e padres em uma situação de estresse mental. Essas são exigências enormes, que desafiam a Igreja em questões éticas, sociais e políticas.

Por que, apesar de tudo, a África é considerada a "esperança da Igreja"? Porque, em primeiro lugar, os exemplos ilustrados não correspondem à realidade em todos os lugares. Em segundo, porque a Igreja africana é dinâmica e missionária. Do ponto de vista meramente demográfico, a Igreja ganha cada vez mais um rosto africano e, por conseguinte, um rosto jovem. Nesse fato estão as oportunidades que já não são encontradas na Europa. A terceira razão pela qual a Igreja africana é importante para a "Una Sancta" está em suas tradições. Por mais problemática que possa ser inicialmente a mistura mencionada, há valores que podem reforçar de maneira decisiva a comunidade da Igreja. A posição da família e o respeito pelos mais velhos são valores que, por um lado, correm o risco de cair no esquecimento no Ocidente e, por outro, são modelos para a própria Igreja. Os últimos papas sempre enfatizaram que a Igreja como comunidade baseia-se na família como núcleo. Nesse sentido, a vida da família africana pode ser inspiradora para uma igreja, cuja coesão será colocada à prova; uma Igreja que navega em mar bravio, para usar uma imagem de Bento XVI.

O terceiro continente de grande interesse para a Igreja do futuro é a Ásia. Atualmente, cerca de apenas 10% dos católicos vivem nele. E as diferenças entre os diversos países são enormes. Enquanto as Filipinas são marcadas por um forte catolicismo, na maioria dos países asiáticos a Igreja não desempenha nenhum papel. As religiões clássicas como o budismo, o hinduísmo ou o xintoísmo são profundamente arraigadas; para os católicos, é muito difícil integrar-se. Não obstante, é de João Paulo II o chiste segundo o qual o terceiro milênio será o da evangelização da Ásia. Especialmente devido ao poder econômico da Ásia e de sua influência continuamente crescente no mundo, a importância do maior continente da Terra também aumentará para a Igreja Católica. Contudo, é ainda mais difícil do que em relação à África falar sobre "a" Igreja Católica na Ásia. A situação na região do Golfo, para não falar de países como a Arábia Saudita ou até mesmo o Paquistão, não pode ser comparada com as regiões do Extremo Oriente. Na Coreia do Sul, aumenta o número de cristãos em geral, bem como o de católicos, e a vida nas paróquias e dioceses é extremamente importante. Por outro lado, no Estado vizinho da Coreia do Norte, os cristãos são brutalmente perseguidos. Na Índia os cristãos também são perseguidos por hindus fanáticos, e a situação nos últimos anos tem se agravado regularmente. Há diversas razões para essa perseguição, por exemplo, a de que alguns fanáticos veem o sistema de castas ameaçado pela Igreja. De fato, os padres seculares e aqueles pertencentes a ordens religiosas defendem os *dalits*, os "intocáveis" ou "sem casta", uma âncora e um ponto de partida indispensáveis.

Situação especial vive a Igreja na China. O regime local instrumentaliza uma parte dos católicos para suas finalidades e os organiza em uma Igreja oficial do Estado. Pequim não leva em consideração as instruções de Roma, consagra os bispos que bem entende e prende arbitrariamente outros que pertencem à Igreja

Subterrânea. Religiosos católicos engajam-se em focos sociais, e freiras pertencentes a alguma ordem cuidam de doentes de Aids ou lepra. Por parte do Estado, esse trabalho é tolerado, e a situação permanece ambivalente. Em 2007, Bento XVI escreveu uma carta aos fiéis chineses, um acontecimento raro. Embora o papa não conseguisse abrandar a situação, encontrou palavras bastante abertas e animadoras: "Como pastor máximo da Igreja Universal, eu gostaria de demonstrar meu profundo agradecimento ao Senhor pela prova de fidelidade dada pela comunidade católica na China, tendo em vista as difíceis circunstâncias e o sofrimento pelos quais passa. Ao mesmo tempo, sinto como minha obrigação mais íntima e irrenunciável e como expressão de meu amor paterno a urgência de reforçar a fé dos católicos chineses e fomentar sua coesão com os próprios recursos da Igreja".

Por um lado, na Oceania e na Austrália, na América do Norte e na Europa, a Igreja está diante de desafios semelhantes. Abalada pelos escândalos de abuso sexual, ela perdeu muita credibilidade e confiança. A secularização lhe causa cada vez mais problemas e a obriga a encontrar novas respostas que às vezes ela não tem. O que vemos é uma Igreja em transformação e o fortalecimento do hemisfério sul. Além disso, estamos diante da seguinte questão: como devem ser controladas as diferenças entre o hemisfério norte e o hemisfério sul dentro da Igreja? Ao mesmo tempo, existem outras diferenças: na Oceania e na Austrália, o número dos católicos aumenta; na América do Norte, está estagnado; na Europa, diminui. Na Austrália, observam-se interessantes intersecções com os costumes dos habitantes nativos, enquanto a Europa passa por profundas alterações e rompe a estrutura atual de um catolicismo abrangente, que teve uma posição dominante em muitos países – o que, de resto, nem sempre é uma perda. A iniciativa de nova evangelização reposicionará a Igreja católica e voltará a levar a mensagem cristã aos lugares a que ela já pertence, mas foi esquecida. Não se trata, portanto, de algo "novo", e sim, de algo "retomado", ou seja, do mesmo conteúdo com outros programas e métodos.

Muitas vezes, o ânimo dos católicos europeus nem chega a ser pessimista, e sim fatalista, como se o Ocidente estivesse conformado com seu destino de, em breve, ser apenas Ocidente. Até mesmo países fundamentalmente católicos falham; muitos, como a Irlanda, mergulharam em uma profunda crise devido aos escândalos de abuso sexual, cujo fim ainda está longe de ser visto. É como se o "Velho Mundo" realmente se sentisse velho, como se a dinâmica e o crescimento fossem deixados a outras regiões e como se o declínio fosse entendido como sua definição. Estudos do meio, como os realizados na Alemanha, sugerem a imagem de uma Igreja que se torna socialmente irrelevante e cujos adeptos formam quase uma sociedade espiritual paralela. Não há uma equipe à disposição para cuidar desse declínio. O número de vocações é pequeno, os poucos seminários ou noviciados recebem candidatos suficientes. Como única chance, a esperança repousa nos padres das outras partes do mundo.

Além disso, há uma circunstância que é desastrosa: em meio às lamentações gerais, não se ouvem os levantes nem se notam os recomeços. Obviamente, a Igreja europeia está mudando. Mas será que essa mudança tem de ser ruim a priori? Em algumas regiões, trata-se realmente de um encolhimento, que deixa a nova concentração para as competências nucleares. Tal como antes, no âmbito social, a Igreja é um fator sem o qual dificilmente uma sociedade funcionaria. A ruptura de estruturas inteiras da Igreja quase não seria absorvida por iniciativas estatais ou privadas. Ao mesmo tempo, a redução do número de sacerdotes e a falta de vocação dão a esperança de que a Igreja se tornará menos clerical e mais laica. Essas são esperanças que deveriam ser realistas – uma missão tanto para consagrados quanto para não consagrados.

Após a renúncia de Bento XVI, a Igreja alemã se vê na interessante situação de já não ser o "país do papa". Isso pode ajudar a analisar algumas questões com mais tranquilidade e de modo menos forçado. Na Alemanha, a Igreja se sente em uma profunda crise. Por exemplo, se compararmos seus índices com aqueles da

53

Igreja espanhola, irlandesa ou até mesmo com os da protestante alemã, essa sensação subjetiva se relativiza. Isso nada muda no fato de que a morte da Igreja, a diminuição no número de membros e a necessidade de reformas são grandes e urgentes. Todavia, corrige a autoavaliação surpreendentemente pessimista de muitos católicos alemães, que parecem acreditar mais em um Apocalipse da Igreja do que em um futuro do catolicismo. Voltemos a Nova York, à catedral de St. Patrick. A partir dela, a Igreja americana travou uma batalha que, no início, parecia tão sem saída quanto a da catedral contra os arranha-céus. Basicamente, tratava-se de uma passagem da reforma do sistema de saúde proposta por Barack Obama. O trecho parecia obrigar as empresas de seguro de saúde a pagar a seus clientes medicamentos contraceptivos ou a "pílula do dia seguinte". Para o cardeal Dolan, chefe da catedral de St. Patrick, um projeto inaceitável: "Isso não deveria acontecer em um país em que a liberdade de religião é garantida pela Constituição". A discussão dividiu a América e, no início de fevereiro passado, a administração de Obama apresentou novos planos, que conferiam um espaço maior sobretudo a organizações religiosas sem fins lucrativos. Nada está decidido ainda. A respeito das novas propostas, Dolan disse que elas são "bem-vindas, para que os detalhes possam ser estudados e discutidos". Independentemente disso, do modo como se dá esse estudo e a discussão, a causa "Dolan vs. Obama" mostrou que, como antes, a influência política da Igreja não deve ser subestimada. Os católicos americanos também demonstram preocupação, uma vez que grupos evangélicos têm enorme influência e, junto com o "Tea Party", representam posições extremamente conservadoras e até fundamentalistas. Por outro lado, a posição da Igreja prova que um país moderno não tem de ser secular nem católico de maneira automática. Isso é notável, pois os Estados Unidos foram particularmente abalados pelos escândalos de abuso sexual. A confiança na instituição "Igreja" sofreu com isso, não há dúvida. A arquidiocese de Los Angeles – cujo ex-arcebispo e cardeal Roger Mahony participou do conclave, apesar dos protestos – decidiu recentemente pagar uma indenização de 10 milhões de dólares a quatro vítimas de abuso sexual. Com isso, Los Angeles não é exceção. Há anos, episcopados pagam altas somas e, por isso, as instituições de algumas ordens chegaram a falir. As novas críticas que ganharam repercussão em torno do conclave mostraram que, apesar de regras mais rígidas na luta contra o abuso sexual, a Igreja americana ainda tem um longo caminho pela frente.

Outro desenvolvimento interessante é o aumento da autoconsciência de laicos ou comunidades de mulheres na América do Norte. Causou alvoroço o caso da "Leadership Conference of Woman Religious"* (LCWR). A organização de cúpula das religiosas americanas foi asperamente criticada e controlada pelo Vaticano. Roma não estava de acordo com algumas posições relativas a questões de moral sexual ou ordenação de mulheres. Aparentemente, o estímulo para o processo contra as irmãs partiu de outras freiras americanas, que as classificavam como muito liberais e em desacordo com as doutrinas da Igreja. O caso evidenciou a tensão que predomina dentro da própria Igreja e, nessa situação, até mesmo entre as religiosas. Não obstante, muitas freiras da LCWR provaram que justamente as mulheres, que, consagradas ou não, são indispensáveis para a vida da Igreja, desempenham um papel mais ofensivo. Elas não estão decididas a simplesmente seguir as instruções de Roma. Essa autoconsciência é alimentada por uma crença em Deus que, apesar dos escândalos, continua muito forte e difundida. Os Estados Unidos são, de longe, mais religiosos do que a maioria dos países europeus. A Igreja ainda tira proveito dessa profunda religiosidade fundamental, mesmo tendo perdido reputação como instância moral. Pessoalmente, pode-se achar exagerado o espetáculo do catolicismo, tal como é tratado nos Estados Unidos. No entanto, isso não muda nada no

---

* Conferência das Lideranças Religiosas Femininas. [N. da T.]

fato de que a Igreja americana se adaptou melhor a algumas necessidades novas dos fiéis. Comprovadamente, cerimônias e ofertas em nível médio, ou seja, no nível das dioceses ou decanatos, tornam-se cada vez mais importantes para as pessoas. Em primeiro lugar, isso se deve ao fato de que a estrutura das paróquias na América do Norte e na Europa está mudando. Em segundo, a maior mobilidade das pessoas é decisiva, pois elas já não se sentem presas à igreja de sua paróquia nem ao padre de sua região, mas podem escolher. A Igreja americana internalizou bem esse modelo religioso da oferta e da procura, que lhe permite atuar em muitas regiões – especialmente naquelas conservadoras, que antes eram excluídas – de maneira mais flexível e orientada aos fiéis. Apesar da extensão da oferta, tem-se como resultado a missão de não deixar que a mensagem cristã se enfraqueça. A mentalidade americana do "do it yourself", marcada pelo calvinismo, tem de ser levada em consideração sem que os importantes princípios do catolicismo sejam deixados de lado. A Igreja norte-americana encontra-se diante de um grande potencial religioso e, ao mesmo tempo, de uma concorrência religiosa maior ainda. Ela tem de depurar a si mesma. A drástica intensificação das regras e dos preceitos contra o abuso sexual é um começo para que o Evangelho não seja abafado e para que os relógios das igrejas continuem a ser ouvidos pela sociedade americana.

Vez por outra, a situação da Igreja Universal distingue-se consideravelmente de acordo com o continente, o país ou a sociedade. Por um lado, nessa situação, o papa Francisco é a figura que, apesar de toda crítica ao seu cargo, garante a identidade da Igreja e tem de atuar literalmente como um construtor de pontes que a mantém unida e coesa. Isso é ainda mais essencial em tempos em que essas diferenças são maiores e as transformações se intensificam. Roma pode continuar a lançar, acompanhar e, às vezes, até conduzir determinadas questões. Não obstante, os desenvolvimentos decisivos ocorrem em nível local. Isso não significa menos responsabilidade para Francisco. Mas não se pode esperar um plano de mestre que recoloque a Igreja em sua rota em todas as regiões. O professor Detlef Pollack, da cidade de Münster, tem toda razão ao dizer: "Com seu programa de dessecularização da Igreja, tal como confiou aos católicos alemães, o papa Bento XVI visou a descentralizar a Igreja, bem como estruturas políticas, jurídicas e econômicas. [...] Em outras regiões do mundo, a Igreja está presente de forma diferente. Para ela também serão necessários outros programas de cunho eclesiástico e político". Não obstante, fica sem alternativa o que Francisco disse antes de sua eleição, em uma de suas mais famosas citações: "Quando saímos à rua, podem acontecer acidentes. Mas se a Igreja não se abrir, não sair e continuar interessada apenas em si mesma, ela irá envelhecer. Se eu puder escolher entre uma Igreja que sofre ferimentos ao sair à rua e outra que adoece porque só se ocupa de si mesma, não tenho dúvida de que ficaria com a primeira opção".

O QUE ACONTECEU: O CONCLAVE E A ELEIÇÃO HISTÓRICA

Até mesmo a gaivota não queria perder o momento histórico. Já fazia tempo que ela estava empoleirada na chaminé mais famosa do mundo, a da Capela Sistina. Como se, do seu lugar, ela pudesse observar a sensação que se formava lá embaixo. Como se ela pudesse ver como os 115 cardeais punham-se a escrever a história da Igreja na Capela Sistina. Depois que a gaivota deixou seu posto e a fumaça branca saiu da chaminé, não houve dúvida de que aquele 13 de março de 2013 se tornou um momento triplamente histórico: o cardeal Jorge Mario Bergoglio é o primeiro latino-americano no trono de São Pedro, o primeiro jesuíta como "representante de Cristo" e o primeiro papa cujo nome remete a um dos santos mais amados da Igreja: o cardeal Jorge Mario Bergoglio se tornou papa Francisco.

É quarta-feira, 19h6, quando a Praça São Pedro começa a tentar adivinhar. Estaria a fumaça ficando cinza e logo preta como de manhã, quando os cardeais não conseguiram encontrar um novo papa na segunda nem na terceira votação? O vento leva embora o papel picado; novas nuvens se elevam e, poucos segundos depois, fica claro: a fumaça é branca! A fumaça é realmente branca! A Igreja Católica tem um novo papa. Habemus papam! Então recomeça a adivinhação: a quem os 115 portadores do manto de cor púrpura deram sua confiança? A eleição foi rápida. Com apenas cinco rodadas, foi uma das mais rápidas da modernidade. Por acaso isso significa que um dos favoritos se impôs? Ou será que foi exatamente o contrário?

Alguns dias antes, o "espetáculo dos papáveis" atingia seu ápice. É como os jornalistas do Vaticano chamam as especulações a respeito do sucessor de um papa morto ou, nesse caso, que renunciou. Todos eles conhecem a antiga sabedoria de que aquele que, como papa, entra no conclave, dele sai como cardeal. Em outras palavras: a queda dos favoritos pertence à tradição da eleição do papa. Nesse sentido, alguns logo imaginam uma estratégia por trás dos muitos relatos lançados sobre Peter Turkson. Ele seria o primeiro papa negro. Muitos fiéis e pessoas da mídia acham essa possibilidade interessante e absorvem as especulações de tudo que poderia acontecer se o ganense subisse ao trono de São Pedro. Depois que o presidente do "Pontifício Conselho para a Justiça e a Paz" conseguiu sair do círculo dos favoritos, sobretudo ao dar algumas declarações, ao mesmo tempo que cada vez mais meios de comunicação de massa escreviam que a Igreja ainda não está madura para um papa negro, o próximo "papável" é recrutado. Novamente, trata-se de um homem da cúria, chefe da Congregação para os Bispos: Marc Ouellet. O canadense é considerado homem de confiança de Bento XVI, poderia reunir os norte-americanos atrás de si e conduzir a "Pontifícia Comissão para a América Latina". Os comentaristas alegam sobretudo essa posição quando calculam as chances de Ouellet para o papado. Nesse meio-tempo, muitos têm a seguinte convicção: sem a América Latina, nada dará certo. Contra a vontade do Brasil, da Argentina e dos outros países, ninguém será o 266º sucessor de São Pedro.

Enquanto do lado de fora o mundo especula sobre os possíveis candidatos, do lado de dentro, reúnem-se no Vaticano as Congregações Gerais, para as quais todos os cardeais são convidados. Entre eles, também estão os que têm mais de 80 anos e que já não têm direito de participar do conclave. As Congregações Gerais são algo como o gerador de emergência da Igreja. Durante a vacância, ou seja, o período em que a Igreja fica sem papa, tudo é regulado e cuidado por essas congregações para que o motor do navio da Igreja continue a funcionar. Os dois homens decisivos nesses dias são Tarcisio Bertone, cardeal, ex-secretário de Estado (durante a sede vacante, a maioria dos cargos fica suspensa; mais tarde, os cargos precisam ser confirmados pelo papa) e camerlengo, bem como Angelo Sodano, cardeal decano e, portanto, o mais alto na hierarquia do cardinalato. Ambos são considerados inimigos, mas costumam ser vistos juntos. A mídia italiana já anda espalhando que ambos firmariam um pacto para finalmente eleger um papa italiano depois de dois não italianos. Mas, para tanto, ainda falta o mais importante: o conclave. Com um "moto proprio", Bento XVI deixou aos cardeais a decisão de convocar o conclave antes do habitual. Normalmente, a reunião dos cardeais começa, no mais tardar, 15 dias após a morte de um papa. A cerimônia de despedida tem de ser organizada, esperar outras formalidades, e isso leva tempo. No caso da renúncia de Bento XVI, as coisas são um pouco menos complicadas; por isso, muitos querem um conclave rápido para não terem de esperar muito. No entanto, demora um pouco. Os cardeais precisam de tempo, querem conhecer-se primeiro, e não tomar uma decisão precipitada. Sobretudo os norte-americanos formam um bloco empenhado, um bloco moderado, que não privilegia, obrigatoriamente, uma eleição rápida. Preferem deliberar em detalhes nas dez Congregações Gerais e falar sobretudo a respeito de duas coisas: o Vatileaks e a reforma da cúria. Diariamente, os meios de comunicação de massa tratam desses temas, e uma questão se sobressai: sempre se diz que, nessas reuniões, um dos cardeais se distinguiria por pedir a palavra. O discurso é do cardeal jesuíta Jorge Mario Bergoglio, de Buenos Aires.

Na quinta-feira, 7 de março, finalmente chega Pham Minh Man, último cardeal que faltava para eleger o papa. Um dia depois, também termina a espera pela data, e o padre Federico Lombardi, porta-voz do Vaticano, anuncia: no dia 12 de março inicia-se o conclave e, com ele, a eleição para o 266º chefe da Igreja

Católica. Os trabalhos de restauro da Capela Sistina são feitos a todo vapor; aqueles da Casa Santa Marta já estão quase terminados. Aos cardeais será dado um quarto ou uma suíte por sorteio. Está chegando a hora. Enquanto isso, as especulações sobre a sucessão de Bento XVI concentram-se cada vez mais em dois nomes: dom Odilo Scherer, arcebispo de São Paulo, nascido no Brasil, de origem alemã e mais incorporado à América Latina do que Marc Ouellet, que é "apenas" diretor da Comissão para a América Latina. Por outro lado, fala-se também no primeiro favorito, o arcebispo de Milão Angelo Scola. Em Milão, o ex-patriarca de Veneza conduz a maior diocese do mundo; a ele são atribuídas qualidades de um diretor executivo e, além disso, é considerado um teólogo brilhante e sabe que pode contar com os seguidores de Bento XVI – pelo menos é o que se acredita nesse momento.

Na segunda-feira, dia 11 de março, termina a décima e última Congregação Geral. Vinte e oito cardeais pediram novamente a palavra. O debate gira em torno, sobretudo, do Banco do Vaticano (IOR). Os favoritos na vitória do conclave continuam sendo os mesmos: Scherer e Scola como principais concorrentes, Ouellet como azarão, além de várias conjecturas pessoais, como Christoph Schönborn, de Viena, ou Timothy Dolan, de Nova York. Para eles, quanto mais o conclave demorar, maiores são suas chances ou aquelas de um azarão.

Na terça-feira, dia do conclave, faz um dia horrível em Roma. Chove, e a cidade continua despreparada para a chuva. Quem anda pela cidade lembra-se da imagem da Igreja como um navio em naufrágio, mas ninguém na cidade eterna quer ouvir falar dessas representações pessimistas em um dia como esse. Quase seis mil jornalistas começam seu dia de trabalho. Teoricamente, ainda hoje pode ser definido o pontífice se um dos candidatos obtiver, pelo menos, 77 votos. Contudo, inicialmente entra em cena Angelo Sodano. O cardeal decano faz o sermão durante a "Missa pro eligendo Romano Pontifice" ("missa para a eleição do bispo de Roma") na Basílica de São Pedro. Há oito anos, neste local, o ex-cardeal Joseph Ratzinger lançava as bases para seu êxito posterior no conclave. Foi um sermão militante e político, que continha o programa fundamental que ele tentou pôr em prática como papa Bento XVI. O sermão de Angelo Sodano tem um caráter totalmente diferente, não apenas porque Sodano não precisa apresentar nenhum cartão de visitas, mas também porque, em razão de sua idade, de todo modo ele já não pode participar do conclave. Em geral, são os tons mais suaves que prevalecem. Sodano esboça um perfil de exigência do novo "Santo Padre", que mais ou menos é como segue:

"A missão da caridade foi confiada por Cristo aos pastores de sua Igreja. Trata-se de uma missão que todo padre e todo bispo assume como obrigação; porém, mais ainda o bispo de Roma, que é o pastor da Igreja Universal."

"Portanto, a atitude básica de todo bom pastor é dedicar sua vida às ovelhas [...]. Isso vale, principalmente, para o sucessor de São Pedro, o pastor da Igreja Universal. Pois, quanto mais elevado e universal for seu cargo, maior tem de ser o amor do pastor."

Estaria, então, a Igreja procurando sobretudo um bom pastor? Alguém experiente para cuidar das almas, e menos com o perfil administrativo? Quem Sodano teria em mente? Ou melhor: será que ele tem alguém em mente? Depois da missa, essas perguntas vêm à tona, enquanto, para os cardeais, aos poucos a situação vai se tornando séria. Por volta das 16h30, os 115 portadores do manto de cor púrpura entram na Capela Sistina e ali prestam seu juramento. Para proteger o sigilo em tempos de Facebook e Twitter, Bento XVI havia determinado anteriormente que toda transmissão de informação a pessoas de fora seria passível de punição, ou seja, de excomunhão. Depois da publicação de um "diário" secreto sobre o conclave de 2005, desta vez não se quis correr nenhum risco e procurou-se impedir qualquer vazamento. Uma das principais pessoas tratadas no tal "diário" também está presente neste conclave. A julgar pelas anotações secretas que um cardeal, até hoje anônimo, teria passado ao jornalista Giuseppe

Nardi, o principal concorrente de Ratzinger em 2005, que acabou sendo o vencedor, era o argentino Jorge Mario Bergoglio. Ele teria reunido quarenta votos, o que teria sido suficiente para um bloqueio. Contudo, por amor à Igreja, Bergoglio teria cedido e deixado o caminho livre para Joseph Ratzinger, que acabou se tornando o papa Bento XVI. Entretanto, esses boatos parecem não ter importância, nem antes nem depois, quando o arcebispo de Buenos Aires pronuncia, como todos, o juramento solene que responde e declara a fórmula apresentada pelo cardeal Giovanni Battista Re de respeitar a ordem do conclave e a lei de sigilo e de, posteriormente, prestar obediência ao novo papa. O juramento é em latim e, traduzido, diz: "E eu, (nome de batismo) cardeal (sobrenome), prometo, obrigo-me e juro, e que Deus me ajude e estes santos Evangelhos, que toco com minha mão". Depois de prestarem seu juramento, os 115 cardeais tomam assento, cada um no lugar que lhes fora reservado. Por fim, às 17h31, Guido Marini, mestre de cerimônias do Vaticano, pronuncia as lendárias palavras "extra omnes" ("todos para fora"), e a porta é fechada. Tem início o conclave.

Já faz pouco mais de um dia do "extra omnes", quando, após cinco votações, a fumaça branca se eleva e, dez minutos depois, os sinos da Basílica de São Pedro começam a tocar. Embaixo, na praça, estranhos se abraçam. Muitos já estiveram ali no dia anterior, persistiram sob a forte chuva e viram o primeiro sinal de fumaça, que foi preta, sair às 19h41. Em poucos minutos, a Praça São Pedro se esvaziou e somente na manhã da histórica quarta-feira, 13 de março de 2013, é que voltou a encher-se. Mais uma vez, as pessoas torceram e esperaram e, finalmente, às 11h39, prenderam brevemente a respiração. A fumaça que saiu da chaminé não era preta. Foram despertadas lembranças da última eleição, quando houve dúvida sobre a cor da fumaça. Desta vez, porém, o químico acrescentado às cédulas queimadas cumpriu seu serviço. A fumaça saiu mais escura, mas permaneceu quase cinza – como se quisesse indicar que foi por pouco. Como se quisesse dizer que voltaria e que, da próxima vez, daria a cor certa, a cor branca. E manteve sua palavra. Pois tudo isso já é passado para os cerca de 200 mil fiéis que se encontram na praça, que comemoram e só querem uma coisa: ver o novo papa. É a espera pelo último ato.

Nesse meio-tempo, a chuva se intensificou, e os fiéis na Praça São Pedro aqueceram-se cantando o hino nacional da Itália. Polícia, *carabinieri* e guarda suíça enfileiraram-se; além deles, diversos representantes das forças armadas italianas. Postam-se em silêncio diante da imponente fachada da Basílica de São Pedro, desenhada com tanta maestria por Carlo Maderno. E também perseveram e aguardam que algo aconteça acima de suas cabeças, onde se encontra a *loggia* da bênção, sacada de onde o novo papa se apresentará ao mundo. Cem mil pessoas aguardam com ansiedade um movimento, um pequeno tremular da cortina vermelha. A essa altura, dentro do Vaticano, os cardeais já ficaram sabendo quem é o novo papa, logo depois que o eleito aceitou a decisão dos outros cardeais, até então seus colegas. Em seguida, ele deve passar para a "stanza delle lacrime", o "aposento das lágrimas", que se chama assim porque muitos dos recém-eleitos foram dominados pela emoção neste local. Contudo, não há tempo para reuniões. Em novo traje, o novo pontífice volta às pressas à Capela Sistina para receber o juramento de fidelidade dos cardeais. Em pé, e não erguido no assento, como mais tarde se fica sabendo. Em seguida, ele faz sua oração na Capela Paolina, em silêncio e sozinho – estaria o novo pontífice finalmente sentindo o peso da nova missão? Com certeza. E com certeza ele já sentiu esse peso antes, que com certeza o oprime cada vez mais, à medida que ele se aproxima da sacada. A multidão que espera ansiosa por seu novo Santo Padre não assiste a nada disso. Somente às 20h10 é que se abre a cortina vermelha e de trás dela sai o cardeal Jean-Louis Tauran. Envelheceu o célebre francês. Como cardeal protodiácono, ele tem a honra de proferir as lendárias palavras. Sua voz treme ao anunciar: "Annuntio vobis gaudium magnum. Habemus Papam!".

Aplauso. Júbilo. Como sempre quando proferidas essas palavras. Tauran continua a tremer. Diferentemente do cardeal Jorge Arturo Medina Estévez, seu antecessor há oito anos, ele não aviva a tensão com pausas significativas. Tauran fala rápido, como se quisesse se livrar de vez do grande acontecimento: "Eminentissimum ac Revendissimum Dominum, Dominum Georgium Marium Sanctae Romanae Ecclesiae Cardinalem Bergoglio!". Assim, não restam dúvidas: Jorge Mario Bergoglio é o novo papa. O arcebispo de Buenos Aires é o novo "representante de Cristo". E como ele irá se chamar?

"Qui sibi nomen imposuit", evoca Tauran e, em seguida: "Franciscum!". Após 13 dias, a Igreja católica volta a ter um novo pastor. Ele se chama Francisco.

Inicialmente, com as primeiras palavras do cardeal protodiácono, a atmosfera na Praça São Pedro fica contida. Como se a chuva tivesse paralisado os fiéis. Na verdade, porém, a surpresa tira o fôlego de muitos. Bergoglio, o argentino? Ou seria ele brasileiro? A maioria não conhece os nomes, estava contando com outros totalmente diferentes. No entanto, quando o nome do papa é anunciado, Francisco, toda reserva cai por terra. Especialmente os italianos comemoram; afinal, Francisco é amado em todo o mundo católico e um pouco mais na Itália. "Papa Francesco" soa bem para os milhares que estão na Piazza San Pietro. Eles gostam. E teriam mais uma razão para estar satisfeitos.

"Cari fratelle e sorelle. Buona sera!" Com um simples boa-noite, às 20h22, o papa Francisco começa a atuar oficialmente. "Boa noite" e um sorriso tímido, mas com olhos brilhantes por trás dos óculos. É o início de uma cena que pertence a uma das mais memoráveis de todos os tempos e que logo arrebata as pessoas. Francisco renunciou à *mozzeta*, a marca registrada do papa, e nem mesmo a estola veste o homem mais poderoso da Igreja. O lapso cometido no início de sua frase, quando aparentemente ele quis desejar "boa-noite", revelou seu nervosismo. Então, ele ficou em pé, sem grandes gestos, apenas com a sotaina branca e a cruz peitoral, que trouxe o tempo todo no pescoço. Não é dourada e é usada com simplicidade. No centro pode-se ver o bom pastor – logo as lembranças evocam o sermão que Angelo Sodano pregou aos cardeais antes de eles se recolherem para o conclave.

Tudo isso é apenas a primeira impressão, que, no entanto, logo toma todos os fiéis que estão lá embaixo, na Praça São Pedro. Nessa situação, a primeira frase é de uma banalidade genial, e a segunda revela que esse papa parece ter humor. Ele diz: "Vocês sabem que a missão do conclave era dar a Roma um bispo. Parece que os cardeais, meus confrades, foram quase até o fim do mundo me buscar". Um "papa do fim do mundo" agradou aos jornalistas e fez a multidão exultar novamente. A tempestade de júbilo se transforma em furacão que quase engole as próximas palavras do novo pontífice: "Agradeço a vocês esta recepção. Agora a diocese de Roma tem seu bispo. Obrigado. Em primeiro lugar, eu gostaria de fazer uma oração por nosso bispo emérito, Bento XVI. Oremos todos juntos por ele, para que o Senhor o abençoe e a mãe de Deus o proteja". Um "pai-nosso" por Bento XVI, que abdicou, emociona as pessoas. Juntas com seu novo pastor supremo, rezam a oração do Senhor, depois a "ave-maria".

Até esse momento passaram-se apenas poucos minutos, e também são poucos os que faltam para que Francisco se retire. Entretanto, nesses minutos, o novo papa deixa uma profunda impressão. No dia seguinte, um grande jornal italiano escreve: "No período de uma hora, em meio ao delírio das emoções coletivas, o júbilo pela fumaça branca, a tensão da espera, a decepção por não se ouvir um nome italiano e a surpresa com a eleição de Francisco transformaram-se em admiração pela modéstia e pela coragem do novo papa". Francisco, que é uma eleição histórica, proporciona um momento histórico ao declarar: "E agora iniciaremos este caminho – bispo e povo –, o caminho da Igreja de Roma, que preside o amor em relação a todas as igrejas; um caminho de fraternidade, amor e confiança mútua. Oremos sempre uns pelos outros. Oremos pelo mundo inteiro, para que predomine um grande convívio. Desejo a vocês que esse caminho como Igreja, que hoje iniciamos e ao longo do qual meu cardeal vigário aqui presente irá me ajudar, seja frutífero para a evangelização desta bela cidade. E agora eu gostaria de dar a bênção, mas antes lhes peço um favor. Antes de o bispo abençoar o povo, peço que vocês roguem ao Senhor para que Ele me abençoe: a oração do povo, que pede pelo seu bispo. Em silêncio, façamos sua oração por mim". E o silêncio se faz. Em toda a praça. Inacreditável. É um bom costume que os papas peçam apoio espiritual aos fiéis. Mas que façam isso antes da bênção, que se curvem perante o povo e Deus, este é um momento que entrará para a história da Igreja. O chefe de mais de um bilhão de pessoas se curva diante delas e do mundo inteiro. Após essa cena comovente, Francisco dá a célebre bênção, sua primeira bênção oficial como papa. Em seguida, despede-se. Parece emocionalmente perturbado, atrapalha-se várias vezes. Ao final, o novo papa vai embora como chegou: modesto e com uma despedida corriqueira: "Boa noite e bom descanso".

Pouco depois, outra breve saudação. Desta vez, no Twitter, às 20h33. Embora ainda sob o perfil "Sede Vacante" e com o trono vazio, não deixa de ser uma mensagem, que diz simplesmente: "Habemus Papam Franciscum".

QUEM ELE É:
O NOVO PAPA FRANCISCO

A mulher estava exausta. Muito envergonhada, mal ousando falar, dirigiu-se ao padre à sua frente: "Padre, tenho sete filhos e nenhum deles foi batizado. Vivo em pecado mortal". A jovem mãe, uma pobre faxineira de Buenos Aires, começou a contar dos diversos pais de seus filhos, de que não tinha dinheiro para batizá-los, de que não tinha condições para convidar sete padrinhos para eles. O padre a ouviu com paciência e, por fim, respondeu-lhe: "Podemos batizá-los com dois padrinhos, que representarão os outros". Assim foi feito e, após o batismo e um pequeno lanche na casa do padre, a mulher foi até ele e disse: "Padre, ainda não estou conseguindo acreditar que o senhor conseguiu e que agora estou me sentindo importante". O padre olhou para a mulher e respondeu: "O que eu tenho a ver com isso? Foi Jesus que a fez importante".

O padre já não voltará à casa em que batizou as sete crianças. Na verdade, não era apenas uma casa, mas um palácio arquiepiscopal, e ele, não simplesmente um padre, mas o arcebispo de Buenos Aires, Jorge Mario Bergoglio. Ele já não voltará à sua casa porque já não é arcebispo. Já não se chama Bergoglio, e sim Francisco, o novo papa da Igreja Católica.

O episódio com a mulher e as sete crianças aconteceu há cerca de quatro anos e não passa de um episódio periférico, discreto como alguns outros que foram contados sobre o 266º sucessor de

São Pedro após sua eleição. Mas justamente por sua discrição ele combina com o homem que escreveu a história da Igreja. Jorge Mario Bergoglio é o primeiro sul-americano no trono de São Pedro, o primeiro jesuíta como "representante de Cristo", o primeiro papa que se autonomeia Francisco. E, apesar desse papel histórico, até agora ele se mostrou aos fiéis como o homem na história da mulher e seus filhos: despretensioso e modesto. Um pastor que vai até as pessoas. Alguém que poderia cumprir as exigências feitas ao Santo Padre como bom pastor. Alguém que realmente queira e possa ser um "construtor de pontes".

Jorge Mario Bergoglio nasceu em 1937, em Buenos Aires. A metrópole recebe o nome de Nossa Senhora dos Bons Ares, a santa padroeira dos marinheiros. Bergoglio cresceu em uma cidade que também estava crescendo, que se encontrava em pleno crescimento como o pequeno Jorge. Na época, longas ruas foram criadas e abertas. Desde a virada do século, muitas pessoas das imediações e de além-mar, sobretudo da Itália, foram para Buenos Aires. A família de Bergoglio pertencia a esses imigrantes, era proveniente do Piemonte, na Itália. Bergoglio cresceu com quatro irmãos mais novos, dois meninos e duas meninas. Jorge era o primogênito e, como mais velho, assumiu sua responsabilidade, consciente de sua obrigação. Antigas professoras o descrevem como um jovem muito ativo, mas também de bom coração. Teria sido um bom aluno, mas não um que se destacasse além da média, que chamasse a atenção por um desempenho extraordinário. Os irmãos foram criados pela mãe Regina Maria Sivori, que tinha antepassados piemonteses e genoveses. Foi sua mãe quem apresentou a música a Jorge. Todo sábado, às 14 horas, ela se sentava com ele diante do aparelho de rádio para ouvir ópera. Antes, ela lhe contava o conteúdo e a ação, explicava as árias e, assim, aproximava-o das obras. "Para mim era uma beleza desfrutar da música", lembrou-se Bergoglio mais tarde.

Com o pai, que se chamava Mario, Jorge seguia outra paixão, o esporte. Jorge adorava futebol e até hoje é torcedor do San

Lorenzo, principal time da cidade. Com seu pai, contudo, costumava assistir a partidas de basquete, outro esporte popular na Argentina. Durante a semana, seu pai ia trabalhar. Ganhava a vida como funcionário da ferrovia. Não havia dinheiro para um carro nem para viagens; contudo, a família Bergoglio podia levar uma vida em grande parte sem preocupações. Essa família de sete pessoas vivia no bairro de Flores, que na virada do século era uma área autônoma no subúrbio, na qual muitos cidadãos abastados tinham suas casas. Mais tarde, Flores foi incorporado à cidade, tornando-se um bairro em que a classe média argentina morava de aluguel e que contava com algumas ruas mais pobres na periferia. Na infância de Bergoglio, o bairro Flores era conhecido, sobretudo, pelo teatro Pueyrredón, no qual o famoso Leonel Edmundo Rivero animava os espectadores com seus interlúdios de tango. Existe até mesmo uma canção de tango dedicada ao bairro, a "San José de Flores", que também é o nome da Igreja da região – não é de admirar que, mais tarde, Bergoglio tenha aprendido a amar e até a dançar tango.

Na adolescência, Jorge já trabalhava. Sua mãe queria que ele reunisse essas experiências. Além disso, ele frequentava a escola estadual e começou uma formação como técnico em química – ainda que seu caminho logo tenha tomado outra direção. Nesse meio-tempo, cada vez mais detalhes sobre sua juventude se tornam conhecidos. Logo após sua eleição, os meios de comunicação de massa se precipitaram para revelar detalhes biográficos. Por exemplo, sobre a namorada de Jorge. Em um livro-entrevista, o ex-cardeal Bergoglio falou sobre ela: "Ela era de um grupo de amigos, com os quais sempre saíamos para dançar". Um dia após a eleição, a mídia argentina entrevistou Amalia, uma namorada da juventude, que Jorge, aos 12 anos, teria pedido em casamento. Em uma carta, com a devida casa como promessa. Até que ponto isso é verdade e se as duas namoradas são pessoas diferentes ou não, ainda não se sabe. Mas também não é importante. Apenas uma coisa parece clara: na infância, Jorge foi uma criança ativa, um adolescente totalmente normal. Até aquele dia em setembro de 1953.

Em 21 de setembro de 1953, o jovem de 17 anos festejava com seus colegas em um dia de aula. Foi à igreja "San José de Flores" e entrou no confessionário. Ali, conforme contara certa vez, teve a experiência decisiva de sua vocação: "Dei-me conta de que estavam me esperando. Esta é uma experiência religiosa: a surpresa de encontrar alguém que o está esperando. A partir desse momento, Deus tornou-se para mim aquele para quem eu queria me encaminhar". A partir desse dia, Bergoglio de fato não teve dúvidas de que queria se tornar padre. O pai aceitou bem a decisão do filho mais velho; a mãe, não. Ela queria convencê-lo a trabalhar, a estudar, a fazer qualquer outra coisa. Tudo, menos se tornar padre. Mas era o que seu filho queria. Aos 21 anos, Bergoglio atravessou as portas do noviciado da "Sociedade de Jesus" e iniciou o caminho para se tornar jesuíta.

Os anos em que Bergoglio faz seu noviciado, estuda e se prepara para sua ordenação são agitados. Na América Latina ocorrem inúmeras agitações e mudanças políticas, inclusive na Igreja. Dois lugares-comuns resumem bem os acontecimentos: "teologia da libertação" e "opção pelos pobres". Esta é uma doutrina teológica para a qual existem referências bíblicas, como as beatificações. Contudo, a Igreja nunca expôs essa "opção" de maneira tão ampla e coerente como fizeram os cardeais, os bispos, os padres e os laicos em agosto de 1968, em Medellín. Na cidade colombiana com mais de 1 milhão de habitantes, a Igreja latino-americana viveu sua emancipação. Formulou seus próprios princípios, definiu com autonomia seu perfil e sem grande influência da matriz europeia, como nos séculos e nas décadas anteriores. Naquela época, Jorge Mario Bergoglio tinha 31 anos. Dez anos antes, havia entrado para a ordem jesuíta. Terminou seus estudos junto aos jesuítas, que são conhecidos por seu rigor, mas também pela excelente qualidade. Desde o início, Inácio quis instruir intelectual e espiritualmente seus confrades da ordem e dotá-los de uma competência que os tornaria aptos para todos os desafios intelectuais. Por essa razão, Bergoglio estudou ciências humanas, filosofia e teologia, inicialmente no Chile, depois novamente em sua cidade natal, Buenos Aires. Colegas o descrevem como um jovem sério, que já na época sobressaía por se concentrar no essencial. Um ano depois, em 13 de dezembro de 1969, Bergoglio é consagrado padre. O jovem sacerdote vai para a Espanha e adquire experiência no exterior. Quando volta, assume o cargo de mestre dos noviços na ordem jesuíta e ensina teologia. Jorge Mario Bergoglio chegou ao nível de diretor. No mesmo ano, o então religioso de 37 anos ascende mais uma vez e torna-se provincial dos jesuítas argentinos, ou seja, seu líder. Os jesuítas formam uma ordem rigorosamente organizada, uma herança do passado militar de seu fundador, Inácio de Loyola. No comando fica seu general, em Roma. O princípio de obediência é fortemente marcado. Eis por que, no passado, os jesuítas eram insultados por seus adversários. Eram recriminados por serem "obedientes como um cadáver". Entretanto, os "soldados de Cristo" eram principalmente um grupo de excelência da Igreja, importantes agentes da contrarreforma, fundadores do teatro jesuíta e, portanto, líderes das primeiras grandes ofensivas de mídia e marketing da Igreja Católica. Para tanto, eram considerados missionários, e o papa os enviava a algum lugar quando a situação se tornava delicada. Talvez tudo isso se devesse à organização rigorosa da ordem. Ao mesmo tempo, os jesuítas viviam e ainda vivem de modo relativamente independente. Não possuem um ofício divino em comum, não usam trajes da ordem, tampouco fazem voto de fidelidade ao local, o "stabilitas loci". Cada província tem relativa autonomia para agir – para muitos, hoje, uma razão para esperar que um papa jesuíta dê mais liberdade e conceda mais espaço às igrejas locais. A esse respeito, existe uma citação que nos permite enxergar longe. Ela mostra como Francisco une a doutrina pneumática a reflexões socioestruturais: "O Espírito Santo produz harmonia na Igreja. Um dos primeiros padres da Igreja escreveu que o Espírito Santo 'ipse harmonia est': ele próprio é harmonia. Somente ele é, ao mesmo tempo, autor da unidade e da multiplicidade. Somente o Espírito produz diversidade, multiplicidade e, ao mesmo tempo, unidade. Pois, se fôssemos nós a fazer a diversidade, haveria cismas, e se fôssemos nós a querer a unidade, haveria uniformidade e uniformização. [...] Percebemos essa harmonia, que não é passiva, e sim criativa e que leva à criatividade, porque ela vem do Espírito". Transferido para as igrejas locais, esse conceito significaria mais liberdade para elas. Contudo, mais liberdade também implica mais responsabilidade, que vale especialmente para aqueles que tomam as decisões tanto nas igrejas locais quanto na ordem. Como superior de seus confrades, a responsabilidade de Bergoglio tem grande peso; afinal, são tempos turbulentos. Quão turbulentos e quão difíceis, é o que o novo provincial Jorge Mario Bergoglio logo irá saber.

Há quase trinta anos as mulheres ocupam a Plaza de Mayo, praça no centro de Buenos Aires. Olham para o palácio presidencial, a Casa Rosada, para o Cabildo de Buenos Aires, para a câmara municipal e o banco nacional. As mulheres não estão ali por causa dos prédios imponentes e suntuosos. Estão ali para denunciar. Denunciar o governo que se encontra nos prédios oficiais. Denunciar aqueles que, no prédio da esquina, à direita, estão em pé, sentados ou ajoelhados. Ali se encontra a catedral de Buenos Aires, e as mulheres acusam a Igreja de ter sido responsável por seu destino. Por terem perdido seus filhos durante os dias brutais da ditadura militar de Isabell Peron e Jorge Videla. Foi uma das ditaduras militares mais cruéis da história latino-americana, que, de todo modo, foi rica em ditaduras cruéis, desde os conquistadores espanhóis até os regimes da modernidade. Justamente no período em que Jorge Mario Bergoglio é provincial dos jesuítas e que, para alguns, representa uma mancha negra na sotaina branca.

As críticas são antigas. No entanto, logo após sua eleição, voltaram à tona, e o mundo começa a se perguntar quem estão recebendo como novo "Santo Padre". Um colaborador, por acaso? Ou, pior ainda, um traidor? Um Judas, ou até mesmo um Caim? No centro estão duas histórias. Uma trata de Orlando Yorio e Franz Jalics, dois jesuítas como Jorge Mario Bergoglio. Inspirados pela conferência de 1968, em Medellín, e pela teologia da libertação, que tem características não apenas sociais, mas também políticas, ambos os padres querem ser a "opção pelos pobres" e entram nas favelas de Buenos Aires. O que acontece depois não está totalmente claro. Alguns dizem que Bergoglio os aconselhou a saírem das favelas para não correrem perigo. Contudo, Yorio e Jalics não quiseram fazer isso e deixaram a ordem, e Bergoglio os teria entregado. Não direta, mas indiretamente, uma vez que já não quis lhes oferecer proteção. Outros se referem à história que o próprio ex-provincial contara mais tarde: a de que ele ficara sabendo da prisão de ambos em 1976 e de que fizera de tudo para ajudá-los. Não como crítico que fala alto e bom som, mas como tático que age em silêncio. Teria pedido ao capelão do ditador Jorge Videla que fingisse estar doente. Ele obedeceu, e Bergoglio assumiu a "representação". Após a missa, o superior jesuíta aproveitou a oportunidade para intervir junto a Videla e pedir a libertação de seus confrades. De fato, ambos os jesuítas foram libertados, mas tiveram de passar quase meio ano na famosa prisão de tortura da Escuela de Mecánica de la Armada, popularmente chamada apenas de "Esma". Do lado de fora, sobretudo Orlando Yorio acusou seu provincial, recriminando-o por nada ter feito e até por tê-lo denunciado.

A segunda história volta-se às mulheres, que toda semana chegam à Plaza de Mayo. Durante a ditadura militar, dezenas de milhares de pessoas desapareceram. Desaparecer significa: foram apreendidas e sequestradas, humilhadas e espancadas, torturadas e mortas. Bebês foram tirados de suas mães e dados a pessoas fiéis ao regime; famílias foram destruídas antes de realmente terem começado a ser uma família. Após a queda do regime, sobretudo a família de Elena de la Cuadra acusa Bergoglio de não ter agido por covardia. Ele teria sabido de tudo e não teria feito nada. Elena de la Cuadra afirma: "Bergoglio teve uma atitude realmente covarde no que diz respeito a algo terrível como o roubo de bebês. Ele disse que não ficou sabendo de nada até 1985. Ele foge dessa realidade, e isso nem chega a incomodá-lo. Só estava preocupado em preservar seu nome e se proteger. Mas ele não pode impedir que esses envolvimentos cheguem ao público. As pessoas aqui sabem como ele é".

Essas críticas pesam bastante. Não obstante, por muito tempo Jorge Mario Bergoglio não tomou nenhuma posição. E isso embora ele tenha se tornado, nesse meio-tempo, o padre mais poderoso e elevado na hierarquia da Argentina. Em 28 de fevereiro de 1998, foi nomeado arcebispo de Buenos Aires. Confrontado com as críticas, Bergoglio negou tudo. Com efeito, existem não apenas as afirmações e acusações, mas também justamente as vozes que defenderam o arcebispo, que o inocentaram ou até elogiaram sua atuação. Por exemplo, a ativista pelos direitos humanos, Graciela Fernández Mejide, que diz sobre Bergoglio: "Durante a ditadura militar, recebi centenas de declarações de testemunhas. Mesmo durante minha atividade na Comissão Nacional pelas pessoas desaparecidas, li inúmeras declarações de testemunhas. Nem uma única vez apareceu o nome 'Bergoglio', nem mesmo como um possível manipulador. Não tenho nenhum indício de que ele foi cúmplice da ditadura". A um julgamento semelhante chega Alicia Oliveira. A ex-juíza era opositora do regime, foi proibida de expressar-se e hoje trabalha como advogada. Ela é uma das vozes que lidera e exige o esclarecimento da ditadura, que sob Cristina Fernández de Kirchner continua a avançar. Oliveira confirma o que diz Mejide e esclarece: "Quando a ditadura me pôs na rua, ele esteve do meu lado. Quando a Junta estava atrás de mim, ele se colocou do meu lado. Estou convencida da firmeza de caráter de Bergoglio". Até mesmo Adolfo Pérez Esquivel, Prêmio Nobel da Paz e membro da resistência que se orientou pela resistência sem violência de Gandhi, atesta que o homem da Igreja tem uma reputação irrepreensível e constata: "Bergoglio nunca teve nenhuma ligação com o regime". Seja como for, seus colegas eclesiásticos prosseguem e veem uma campanha contra o novo papa, como o bispo emérito Miguel Hesayne, de Viedma, que acredita: "Para mim, esta é uma grande difamação. Ele fez todo o possível para ajudar as pessoas perseguidas". Por sua vez, os jesuítas na Alemanha acolheram Franz Jalics, um dos dois padres daquela época, e publicaram seu depoimento em sua home page: "Não posso tomar nenhuma posição quanto ao papel do padre Bergoglio nesses acontecimentos. Após nossa libertação, deixei a Argentina. Somente anos depois é que tivemos a oportunidade de falar dos acontecimentos com o padre Bergoglio, que naquele meio-tempo havia se tornado arcebispo de Buenos Aires. Em seguida, celebramos missas juntos e nos abraçamos solenemente. Reconciliei-me com os acontecimentos e, de minha parte, os considero encerrados".

Para o padre Jalics, eles até podem estar encerrados, mas, para outros, não estão e talvez nunca se encerrem. Portanto, os cardeais elegeram um homem sobre cujo passado repousa uma sombra, não dá para dizer o contrário. Após a eleição, o Vaticano logo aventou uma campanha de "forças anticlericais". O próprio Bergoglio explicara simplesmente: "Tendo em vista minha idade e minhas poucas relações, fiz o que pude fazer para ajudar os desaparecidos". Mesmo assim, o passado permanecerá um tema de discussão, um ponto de conflito e, por outro lado, também um índice de quanto os cardeais tinham de estar convencidos de sua escolha. Eles já deviam saber dos boatos. E os aceitaram. Exatamente como o fato de que o novo papa já tem 76 anos e, portanto, é apenas dois anos mais jovem do que seu antecessor quando este foi eleito em 2005. Aceitaram o fato de que, desde criança, Bergoglio tem problemas pulmonares e, aos 21 anos, precisou retirar um dos pulmões. Os cardeais levaram tudo isso em conta, o que certamente é um indício de que o papa Francisco os impressionou com suas palavras, seus atos e seu caráter.

Há uma imagem de Jorge Mario Bergoglio que não é tão antiga. Ela mostra o ex-arcebispo de Buenos Aires, ajoelhado, com uma bacia branca no chão, à sua frente. Não carrega a mitra do arcebispo, apenas uma roupa branca. Bergoglio está ajoelhado sobre a bacia. Na mão, segura um pé. Um pé empoeirado e pequeno. O pé de um viciado em drogas ou sem-teto, de *short* curto e branco e camiseta desbotada. O jovem olha para o arcebispo ajoelhado à sua frente. E este beija seu pé. Na imagem, ao seu redor há outras pessoas, e uma moça é a primeira a identificar a mensagem da foto. Enquanto Bergoglio aproxima-se do pé, inclina o rosto sobre ele e o toca com os lábios, a moça em segundo plano tampa a boca com a mão. Ela recua um pouco na cadeira. Em seus olhos vê-se espanto, talvez até um pouco de nojo. Nojo. Embora ela própria esteja entre aqueles cujos pés Bergoglio irá beijar.

A imagem tem cerca de cinco anos e retrata um dos tradicionais lava-pés da Quinta-Feira Santa. O bispo que ajoelha e a mulher que recua e tampa a boca com a mão dizem mais do que muitas entrevistas e descrições. É uma tradição, um gesto. Mas mostra como o ex-cardeal Bergoglio, novo papa Francisco, reproduz a imagem de uma Igreja que muitos já não conseguem ver. Uma imagem da humildade e do serviço aos marginalizados. Uma Igreja das minorias e dos fracos. Uma Igreja que realmente é "opção pelos pobres". Ir até eles, dos quais até seus semelhantes sentem repulsa, esta é a Igreja de um homem que se chama Francisco. Este é o homem que preside uma Igreja que se encontra em uma "guerra de múltiplas frentes". Essa Igreja combate a "ditadura do relativismo", o grande fantasma do papa Ratzinger. Ela tem de lutar contra a secularização e a globalização, questionar antigos dogmas e absolutizar os novos, como o materialismo ou o individualismo. A Igreja se encontra em concorrência com seitas cristãs e outras religiões universais, que em muitas regiões avançam com agressividade. Há muitas frentes, e Francisco conhece algumas delas por experiência própria. Sua receita contra elas parece simples e poderia atuar sobre uma Igreja que, vez por outra, mostra-se fatalista ou anestesiada: "Jesus nos ensina este caminho: saiam. Saiam e compartilhem seu testemunho, vão e entrem em contato com seus irmãos, saiam e compartilhem, saiam e perguntem".

A receita pode parecer simples e é claramente muito convincente. Tão convincente que, em 2001, Jorge Mario Bergoglio foi nomeado cardeal por João Paulo II. Já na época, aos 65 anos, ele era uma exceção entre seus confrades. Era estimado em sua diocese natal, embora não fosse um carismático no verdadeiro sentido da palavra. Que as pessoas não se iludam com imagens que tanto impressionaram após a eleição do papa e que mostram grande espontaneidade e serenidade, pois Bergoglio pode ser extremamente lacônico. Especialmente em relação à imprensa, quase nunca dava entrevistas. Tampouco é um gênio intelectual como seu antecessor Bento XVI. Menos ainda um escritor inveterado como o "papa professor" da Alemanha. Bergoglio publicou poucos livros; ele próprio prefere ler o escritor e teólogo russo Fiodor Mikailovitch Dostoievski. Francisco é inteligente e instruído, mas certamente nunca alguém irá enaltecê-lo como o "Mozart da teologia", como fizeram com o papa Bento XVI. O novo papa é um clássico pastor de almas com grande sensibilidade para as misérias sociais e para a justiça. São célebres as narrativas de que ele vivia em um pequeno apartamento, e não no palácio arquiepiscopal e feudal de Buenos Aires, como alguns de seus antecessores. Ele mesmo faz sua comida, conforme sua mãe lhe ensinara. Quando perguntado sobre suas habilidades gastronômicas, o ex-cardeal respondeu: "Antigamente cheguei a fazer o almoço para meus alunos no 'Collegio Massimo'. Bom, pelo menos a minha comida nunca matou ninguém". É nessas frases e em outras mais, em seu estilo de vida e de ação que se baseia o amor dos fiéis pelo arcebispo. Sua modéstia e sua reserva lhe conferem credibilidade quando ele lhes diz que é um deles. Como ele anda de ônibus ou de bonde, o funcionário do escritório acredita em seus sermões sobre a vida cotidiana. Como entra nas favelas, parece autêntico ao falar aos presos e às prostitutas sobre Jesus e sua proximidade com os marginalizados. Ele pode esbravejar contra o esbanjamento, pois, depois de ter sido promovido a cardeal, aconselhou seus seguidores a não ir a Roma para celebrá-lo, mas, em vez disso, gastar o dinheiro com os pobres. E como repetiu a ação depois de ter sido eleito papa, sua luta contra o materialismo ganha um toque especial. Ele parece autêntico, por mais trivial que isso possa parecer. Do mesmo modo, em sua primeira aparição depois de ter sido eleito papa, recusou tratamento especial. Em sua primeira missa na Capela Sistina, pregou em pé, junto a um púlpito simples de madeira e, nos dias que antecederam o conclave, ele mesmo pagou a conta do seu quarto de hotel. Simples. Autêntico.

Em todos os seus anos de episcopado e nos poucos minutos na Praça São Pedro, os fiéis sentiram que esse homem vive o que prega e prega o que vive. Ele prega água e bebe água. Ele apela para que as pessoas vão até os pobres e ele vai até os pobres. Pede humildade e modéstia e mostra humildade e modéstia. O novo papa Francisco é autêntico. Uma palavra pequena, esse "autêntico". Contudo, para uma Igreja que perdeu credibilidade, a autenticidade é extremamente valiosa.

Por certo, a autenticidade foi uma razão para eleger Jorge Mario Bergoglio. Entretanto, não podemos nos iludir. Em um conclave, deliberações estratégicas e de cunho eclesiástico e político sempre desempenham um papel, e também é bom que seja assim. A decisão por Bergoglio foi, sobretudo, uma ponderação muito racional. Pois, como argentino, ele traz consigo um conhecimento da situação na América Latina, um conhecimento por experiência. Isso significa simplesmente que esse papa sabe, por sua própria vivência, como vive grande parte de todos os católicos. Ele conhece o conceito das comunidades de base, que talvez possam inspirar a Europa, embora os conceitos não possam ser transferidos de maneira equivalente. Mesmo na situação pastoral e estrutural, Francisco pode recorrer a conhecimentos que são interessantes para a Igreja europeia, com suas reformas estruturais e suas concentrações de paróquias. Um exemplo disso provém de uma entrevista dada à revista *30 Giorni*, que nesse meio-tempo acabou suspendendo suas publicações. Pergunta-se a Bergoglio se "todas as nossas soluções funcionais, todos os nossos planos consolidados e projetos pastorais serão revogados". E ele responde: "Eu não disse que os sistemas pastorais são desnecessários. Ao contrário. Em si, tudo que pode levar ao caminho de Deus é bom. Disse aos meus sacerdotes: 'Cumpram sua obrigação; vocês já conhecem as tarefas de seu cargo. Assumam a responsabilidade e deixem a porta aberta'. Nossos sociólogos da religião nos dizem que a influência de uma paróquia estende-se a um círculo de seiscentos metros. Em Buenos Aires, entre uma paróquia e outra há cerca de 2 mil metros. Na época, eu disse aos sacerdotes: 'Se puderem, aluguem uma garagem e, se conseguirem encontrar um ou outro laico disponível, deixem por conta dele! Ele terá de cuidar das pessoas daqui, dar um pouco de catequese e até de comunhão, se lhe pedirem'. Um padre me respondeu: 'Mas, padre, se fizermos isso, as pessoas não virão mais à Igreja!' 'E daí?', foi o que respondi. 'Estão vindo para a missa agora?' 'Não', ele precisou admitir. Então pronto! Sair de si mesmo também significa deixar o jardim das próprias convicções, que se tornam insuperáveis quando se revelam como obstáculos e tampam o horizonte que é Deus".

Essas citações avivam a esperança de que o novo papa pensa em pôr-se em marcha e promover mudanças. Alguma mudança ele já fez com a escolha de seu nome, sua primeira aparição, sua primeira coletiva de imprensa e seu primeiro ângelus. Essa é uma mudança através da aproximação, no verdadeiro sentido da palavra. Antes de ser eleito, Francisco explicou como essa alteração funciona: "A persistência na fé implica a saída. Pois é justamente quando saímos de nós mesmos que permanecemos no Senhor. Paradoxalmente, é quando permanecemos que mudamos, pois cremos. Não permanecemos fiéis quando nos apegamos à letra como os tradicionalistas ou os fundamentalistas. Fidelidade é sempre mudança, começo, crescimento. O Senhor produz uma mudança naquele que lhe é fiel". O papa Francisco é o primeiro papa não europeu há mais de 1200 anos. O último fora o sírio Gregório III. Ele trará a mudança, conforme descreveu acima. Só que essa mudança não significa que tudo irá mudar. Em algumas questões, sobretudo éticas, Francisco defende posições que, na Europa, são consideradas particularmente conservadoras. É quase certo que não haverá uma ordem de mulheres com esse papa. Para ele, as mulheres são decisivas e importantes para o trabalho nas comunidades, isso sim. Mas não para serem admitidas no sacerdócio. Em questões como "aborto" e "casamento homossexual", ele foi, como arcebispo e cardeal, um veemente opositor da presidente argentina Cristina Fernández de Kirchner. Essa disputa se agravou e não foi a única. Em 15 de julho de 2010, o cardeal Bergoglio escreveu uma "carta à votação do Senado em Buenos Aires sobre uma lei para a legalização do casamento homossexual e a adoção por homossexuais". Nessa carta, o religioso assumiu uma posição clara e inequívoca: "Este é um caso em que age a inveja do diabo, através do qual o pecado chegou ao mundo: uma inveja que persiste em tentar destruir a imagem de Deus – homem e mulher, que recebem a incumbência de crescer, se multiplicar e dominar a Terra. Não sejamos ingênuos: não se trata simplesmente de uma luta política, e sim de uma tentativa de destruir o plano de Deus".

Essas palavras drásticas pertencem a um repertório-padrão do novo papa. É muito improvável que o cargo de São Pedro o torne mais conciliador nessas questões. Para muitos fiéis, isso não apenas é um aborrecimento, mas também uma ferida aberta que os faz sofrer e que Francisco não irá fechar. De fato, é difícil compreender como alguém é capaz de falar do amor de Deus por todas as pessoas e, ao mesmo tempo, escrever uma carta como essa. Por mais decepcionante que ela possa ter sido para muitos, é bem provável que tenha sido até mesmo um dos importantes fatores para os eleitores do conclave. Afinal, eles sabiam que, nas questões sociais, com Bergoglio elegeriam um papa que poderia romper com muitas tradições. Se ele estivesse muito além da linha também em questões teológicas e éticas, para não poucos portadores do manto de cor púrpura, elegê-lo teria sido um passo radical demais – sem contar o fato de que muitos simplesmente dividem suas posições do ponto de vista do conteúdo. Francisco pode até ser o novo papa "que veio do outro extremo do mundo", mas, no final, nesse extremo também valem algumas regras deste.

Em 13 de março de 2013, quando primeiro foi anunciado o nome "Bergoglio" e, em seguida, o nome papal "Francisco", a minoria se preocupou com essas regras e com a posição de Francisco a respeito delas. Somente nos próximos meses é que o perfil teológico, as premissas éticas e as diretrizes morais terão mais efeito e, ao mesmo tempo, serão lidas e ouvidas por um número cada vez maior de pessoas. Nessa quarta-feira chuvosa de março, a única coisa que interessa é o fato de que a Igreja volta a ter um papa. Aos poucos, muitos se dão conta de que um papa latino-americano, que ainda por cima se chama Francisco, é algo único. E, um pouco mais tarde, os comentaristas começam a dizer que este é o primeiro jesuíta a se sentar no trono de São Pedro. Entres os jornalistas do Vaticano, logo corre a brincadeira: "Finalmente os jesuítas conseguiram. Elegeram o papa branco e o preto". A brincadeira alude a uma designação comumente usada para o general dos jesuítas. É chamado de "papa preto", pois tradicionalmente se atribui grande influência aos jesuítas. De fato, a maior ordem católica masculina nunca teve um papa antes, ao contrário das outras comunidades importantes. Não deixa de ter certa ironia o fato de que todo jesuíta se compromete a não aspirar a cargos eclesiásticos. Outra mudança da história é o fato de que Clemente XIV, último papa proveniente da ordem de São Francisco, extinguiu a Companhia de Jesus em 21 de julho de 1773. O primeiro papa proveniente da ordem dos jesuítas adota justamente o nome do fundador da ordem de Clemente XIV e passa a se chamar "Francisco".

Essas são pequenas obras-primas da história, dignas de interesse e curiosidade. Entretanto, muito mais importante é saber se sua vocação como jesuíta irá influenciar o modo como Francisco exercerá seu cargo. Com certeza, não se pode fantasiar a respeito. Francisco é, acima de tudo, o chefe da Igreja Católica. Não obstante, a socialização como jesuíta trouxe certas experiências que poderiam influenciar o pontificado. Os jesuítas sempre foram um "global player" nos setores da formação e da educação. Hoje o são mais do que nunca, mantêm seminários, escolas superiores e universidades. De simples escolas primárias até a mundialmente conhecida Universidade Gregoriana, os jesuítas estão presentes no setor da instrução. Isso é importante em uma época em que a qualificação e a educação são a chave para o progresso social. Nesse sentido, um papa jesuíta como Francisco, que também foi, ele próprio, mestre de noviços e professor em escola superior, é um claro sinal: "O drama de nossa época", disse ele certa vez, "é que o jovem vive em um mundo que, de sua parte, ainda não saiu da adolescência. Os jovens crescem em uma sociedade que nada espera deles, que não os educa para o sacrifício e o trabalho, que já não conhece a beleza nem a veracidade dessas coisas. Por isso, o jovem estima pouco o passado e se assusta com o futuro. Eis por que cabe à Igreja reabrir os sentimentos de esperança".

Um segundo ponto de vista é a espiritualidade dos jesuítas, que se tornou artigo de exportação e é oferecida como "exercício" em todas as variantes possíveis. Esse termo remonta à palavra latina para "exercer" e ao próprio fundador da ordem, Inácio de Loyola. Nesse sentido, um princípio importante é o "discernimento dos espíritos". Em resumo, trata-se de um exercício espiritual que, junto com questões práticas da razão, ajudaria a tomar decisões – para um papa, certamente uma coisa muito importante.

Nas próximas semanas, nos próximos meses e nos próximos anos, Francisco irá precisar de muito auxílio para tomar decisões e, muitas vezes, terá de servir-se do "discernimento dos espíritos". Neste momento já começam a aparecer os primeiros céticos. Logo após o início surge a dúvida, por certo não totalmente injustificada, se Francisco não estaria velho demais para o "emprego mais difícil do mundo". Segundo dizem, ele seria apenas um papa de transição. Alguns especialistas já chamaram a atenção para o fato de que quase todos os últimos papas foram "de transição"; por isso, o fato não deveria causar admiração. Mais interessante será como Francisco irá lidar com a possibilidade da renúncia, que Bento XVI tornou tão real. Desde a renúncia do papa alemão, a porta do Palácio Apostólico só está encostada e, a partir de agora, pode ser aberta e transposta com muito mais facilidade. Outros especialistas advertem que, embora Bergoglio tenha administrado uma grande diocese e também tenha adquirido experiência em grêmios vaticanos, dirigir a cúria e até reformá-la seria algo completamente diferente. Ao novo papa faltaria a familiaridade necessária para tanto – o que outros, por sua vez, designam como grande oportunidade. Como se ele fosse alguém destinado a otimizar e modernizar, um especialista trazido de fora e que, por isso, é capaz de agir imparcialmente; eis um cenário nada irreal. O que exatamente vai acontecer ainda permanece no nível da especulação. Em primeiro lugar, resta uma pergunta à qual o novo papa já deu uma resposta: "Cristo é o pastor da Igreja, mas sua presença na história ultrapassa a liberdade dos homens: entre eles é escolhido alguém para ser seu representante, para servir como sucessor do apóstolo Pedro; porém, Cristo é o centro, e não seu sucessor Pedro. Cristo é o centro. Ele é a razão e o ponto de referência, o coração da Igreja. Sem ele, não haveria Pedro nem a Igreja; estes não teriam razão de existir".

O papa Francisco se deixará conduzir pela certeza de que ele próprio conduz e é conduzido. E, a partir de suas experiências, que muitos papas antes dele não tiveram, e dos acontecimentos que ele presenciou "no outro extremo do mundo", ele irá compreender seu cargo. Igualmente a partir de experiências como aquela ilustrada antes com a mulher jovem. Por muito tempo, o destino dela e o de seus filhos não batizados ocuparam Jorge Mario Bergoglio, atual papa Francisco. Para ele, essa história simbolizava o que não funciona direito no mundo e na Igreja. Uma mulher que trabalha e, mesmo assim, mal consegue sustentar os filhos, que talvez não tenha feito tudo certo na vida – quem é que sabe? Mas que, com sinceridade, se recrimina intensamente e sofre para poder seguir sua fé. Uma mulher, cuja miséria social é tão grande que não pode sequer organizar de maneira adequada o batismo de seus filhos. E, ao mesmo tempo, uma Igreja, não neste caso, mas de modo geral, que manda embora essas mulheres. Que se comporta não como sucessora dos apóstolos, mas como apóstolo da moral, muitas vezes chegando a negar o batismo a essas mulheres – para Francisco, algo sintomático do sofrimento do mundo em relação à Igreja e vice-versa: "Na região de nossa Igreja, há padres que não batizam crianças filhas de mães solteiras, uma vez que elas não receberam a santidade do matrimônio", contou certa vez, quando ainda era arcebispo. Ao continuar, Bergoglio fala quase com raiva: "E essa pobre moça, que teve a coragem de dar à luz uma criança, porque simplesmente não podia devolvê-la como uma carta ao remetente, teve de ir de paróquia em paróquia e implorar para que o filho fosse batizado! Esses padres são os fariseus de hoje; são os que clericalizam a Igreja e excluem o povo de Deus da salvação".

Por que Bergoglio ficou com tanta raiva na época? Porque esses padres, esses fariseus são contra aquilo que ele, como papa Francisco, quer demonstrar através de seu modo de vida. Aquilo que ele encontrou em um livro junto ao cardeal alemão Walter Kasper e aquilo que deverá marcar a "sua" Igreja, ou seja, a Igreja do novo papa Francisco: "O sentimento de misericórdia, essa palavra, muda tudo. É o melhor que podemos sentir. Esse sentimento muda o mundo. Um pouco de misericórdia torna o mundo menos frio e mais justo".

O QUE ELE SIGNIFICA:
O NOME DO PAPA
E O NOME DO SANTO

Finalmente. O primeiro papa que ousou adotar o nome de Francisco. Embora em vida ele não tenha sido incontroverso, pois seu caminho era novo e radical, Francisco de Assis é um dos santos mais amados da Igreja Católica. E, no entanto – ou justamente por isso –, até hoje ele não dera seu nome a nenhum sucessor no trono de São Pedro. Até 13 de março de 2013, até a eleição de Jorge Mario Bergoglio a novo chefe da Igreja.

A decisão dos 115 cardeais de eleger o argentino causou sensação. Uma surpresa na qual quase ninguém acreditara. De sua parte, Bergoglio fez de tudo para aumentar ainda mais a surpresa e, ao ser indagado pelo cardeal Giovanni Battista Re, escolheu "Francisco" como nome papal. Essa questão do nome do papa é complicada: todo nome segue um propósito. E "Francisco", mais ainda.

Nem sempre a Igreja lidou bem com São Francisco. Hoje ele pode ser padroeiro do meio ambiente, dos animais e, desde 1939, até padroeiro oficial da Itália. Entretanto, em vida o "poverello", o pobrezinho, era tudo menos o "queridinho de todos". Seu modo de viver o Evangelho era radical. Radicalmente diferente, radicalmente coerente, radicalmente decidido até o fim. Em uma época em que a Igreja tinha de lutar com um problema maciço de credibilidade e com a decadência da moral clerical, Francisco se apresentou e disse simplesmente: "Mio Dio è mio tutto". "Meu Deus é meu tudo."

Inicialmente, não pareceu de modo algum que Francisco considerava Deus seu tudo. Ele estava ocupado em aproveitar tudo. Como filho de um comerciante abastado de tecidos, Francisco, que nascera em 1181, em Assisi, na atual Úmbria, e inicialmente atendera pelo nome de Giovanni, podia gozar da "dolce vita". Aos 21 anos, desligou-se dessa vida e partiu para a guerra contra Perúgia, cidade vizinha. Foi capturado, encarcerado e só ganhou a liberdade dois anos depois. Logo em seguida, Francisco teria tido sua primeira vivência de conversão, que o motivou a desistir de seu sonho de uma carreira como bem-sucedido cavaleiro. Voltou a gastar dinheiro. Desta vez, porém, não com vinhos nem mulheres, mas com pobres e doentes. Seu pai ficou pouco entusiasmado com a mudança de comportamento do filho e começou a brigar com seu primogênito. Contudo, Francisco não se deixou transtornar e recebeu aprovação de instâncias bem superiores. Segundo relata seu confrade e biógrafo, Tommaso de Celano, ao orar em San Damiano, uma capela a poucos quilômetros de Assisi, Francisco teria ouvido uma voz, que falou diretamente a ele e lhe ordenou: "Francisco, vai e reconstrói minha casa, que, como vês, está em completa decadência". O que veio depois mudaria para sempre a Igreja.

No dia de São Mateus, ou seja, em 24 de fevereiro de 1208, Francisco leu na pequena igreja de Portiuncula o Evangelho segundo São Mateus. De repente, deparou com o trecho em que o Evangelho conta como Jesus convoca seus apóstolos à pobreza – para Francisco, o impulso decisivo para dedicar sua vida à pobreza e a Cristo e para construir uma comunidade, a "Ordem dos Frades Menores". Inicialmente, a Igreja oficial se mostrou cética e passou a vigiar Francisco e seus seguidores com desconfiança. Hoje como outrora, ele é um revolucionário que coloca um espelho diante do *establishment* clerical. Após o reconhecimento pelo papa Inocêncio II, em 1210, a Ordem se estabelece e, ao longo dos anos, cada vez mais membros unem-se a Francisco e aos "frades menores". O próprio santo dirige a comunidade por 16 anos, até encerrar sua vida dedicada a Deus em 3 de outubro de 1226.

Um novo Francisco, que reconstrói a casa de Deus. Seria exatamente o que a Igreja de hoje precisa. Por isso, é compreensível que, logo após o anúncio do nome do novo papa, tanta esperança se ligue a ele. A "Una Sancta" tem de ser renovada em muitas partes, e um pontífice que adota o nome de São Francisco parece decidido a promover essa renovação. Ele envia sinais que reforça em seus primeiros dias. O papa Francisco incorpora virtudes que são raras não apenas no Vaticano: modéstia, humildade e simplicidade. Bento XVI também era um homem simples que atraía pouca atenção para si. Porém, diferentemente de seu antecessor, Bergoglio combina essa modéstia e essa humildade com uma acessibilidade natural para as pessoas e consegue conquistá-las. Enquanto Bento XVI, quando criança, odiava o período em que viveu no internato, pois nele era parte de uma comunidade imensa, e depois simplesmente aceitou as grandes multidões, consciente de sua obrigação, Francisco busca o contato com as pessoas. As confraternizações com seus cardeais foram abraços efusivos, e até mesmo no final do histórico dia 13 de março ele não entrou na limusine que o esperava, mas pegou o ônibus da comunidade com os outros cardeais, para irem juntos ao jantar. Não se devem sobrevalorizar esses gestos, pois atores em ação também conhecem seu poder simbólico e, muito provavelmente, estão em condições de calcular o quanto podem ganhar com a própria imagem. Entretanto, Francisco parece ter interiorizado a humildade e a modéstia de São Francisco como *Leitmotiv* de sua vida e também tê-las alçado a *corporate identity** de seu ofício como papa, conforme formulou em seu discurso aos representantes da mídia, em 16 de março: "Francisco de Assis. Para mim, ele é o homem da pobreza, o homem da paz, o homem que ama e preserva a Criação. [...] Ah, como eu gostaria de uma Igreja pobre para os pobres!"

A mensagem de Francisco vale para a própria Igreja. Ao mesmo tempo, porém, vai muito além dela.

---

* Identidade corporativa. [N. da T.]

Em uma época em que o cristianismo é comercializado, em que a busca pelo lucro é considerada virtude cristã, em que a parábola dos talentos é levada ao pé da letra e em que as "Igrejas empresariais" são muito concorridas, essa também é uma mensagem aos grupos evangélicos. É como se Francisco afugentasse os comerciantes no templo de Deus e lhes exclamasse: "Vocês perderam de vista a mensagem cristã! Vocês pervertem o Evangelho ao utilizá-lo para suas finalidades!"

São Francisco não é um símbolo da modéstia, da evangelização nem da sucessão radical de Cristo. Ele também representa a reconciliação com a natureza e com os homens. Seu célebre "Cântico do irmão Sol" é uma reverência à Criação e ao Criador, conforme versou São Francisco: "Louvado sejas, meu Senhor, com todas as tuas criaturas, especialmente o senhor irmão Sol; ele é o dia, e Tu nos dá a luz através dele. E ele é belo e radiante em grande esplendor, teu símbolo, ó Altíssimo". Além disso, Francisco é considerado amigo dos animais e, muitas vezes, é retratado com pássaros e, sobretudo, com o "irmão Lobo". Em uma época em que a ecologia ganha cada vez mais importância e a "preservação da Criação" é o pré-requisito para a sobrevivência da humanidade, tudo isso se configura como um anúncio programático. Ele promete que o novo papa também defenderá temas como a sustentabilidade e a proteção do meio ambiente. Só por sua biografia, já é possível perceber isso: Francisco vem da América Latina, um subcontinente com paisagens de tirar o fôlego, com uma biodiversidade imensa e florestas tropicais consideradas "os pulmões do planeta". Ao mesmo tempo, ele conhece a exploração que se faz da natureza, a destruição da Criação por cobiça e avidez por dinheiro. O nome "Francisco" nos faz esperar um papa que ainda vai fazer a Igreja lutar pela ecologia.

A reconciliação com as pessoas refere-se ao diálogo inter-religioso. Francisco de Assis é reconhecido e estimado por outras religiões. Não é por acaso que o "Encontro Internacional de Oração pela Paz" é realizado em Assis. O próprio São Francisco deve ter buscado o diálogo e, durante as Cruzadas de Damietta (1217-1221), dirigiu-se ao campo militar do sultão Al-Kamil Muhammad al-Malik: "Então, com destemor, capacidade intelectual e entusiasmo, ele pregou ao sultão o Deus uno, trino e redentor de todos os homens, Jesus Cristo". Assim relata Boaventura, doutor da Igreja, cardeal e ministro geral dos franciscanos, pertencente à ordem de São Francisco. Esse episódio, por certo adornado com elementos lendários, hoje se mostra interessante em muitos aspectos: certamente o papa Francisco não irá se comportar como o padroeiro que lhe deu o nome nem tentará converter muçulmanos. Ele terá de conduzir um diálogo adequado, sem nenhuma tentativa de proselitismo. Ao mesmo tempo, porém, a aparição corajosa do santo é um indício de que a Igreja Católica tem de representar sua mensagem de maneira consciente. Ao se nomear "Francisco", o papa reconhece uma afirmação clara: nós, cristãos, acreditamos em Deus, no Deus trino e em Jesus Cristo, seu filho, que morreu como redentor na Cruz. Nessa declaração estão implícitas as diferenças decisivas em relação às outras religiões universais. O islamismo, por exemplo, venera Jesus como profeta, mas não como filho de Deus. Essa clara confissão se dá em uma época em que, por exemplo, a Igreja africana tem muito que lutar com variantes agressivas do islamismo, em que o debate com o islamismo será um dos grandes diálogos do futuro, bem como uma promessa programática. Quem se coloca no mesmo patamar de São Francisco deve tentar o diálogo com todas as religiões e confissões. Com a abertura do Segundo Concílio Vaticano e a mensagem cristã do santo de Assisi. E, de fato, é importante, sobretudo do ponto de vista alemão, que Francisco seja estimado não apenas por seus fiéis. Seguidores de outras religiões também têm muita consideração e respeito por ele. O ex-arcebispo de Buenos Aires dedica especial importância ao diálogo com os judeus. Com o rabino Abraham Skorka ele chegou a organizar um livro, que se baseia nas conversas de ambos. Seu conterrâneo argentino, Baruch Tenembaum, um dos pioneiros do diálogo inter-religioso na América Latina, conhece o novo papa há décadas e declara: "Fico muito feliz com essa eleição. Para o diálogo inter-religioso ela também é um sinal de esperança".

Timothy Dolan, cardeal de Nova York, foi o primeiro a afirmar que Bergoglio realmente tinha escolhido adotar o nome de São Francisco de Assis. Além dele, há outro santo chamado Francisco que é muito importante para a Igreja: Francisco Xavier. Como o novo papa, era jesuíta e, por isso, muito conhecido do primeiro pontífice da América Latina. Francisco Xavier incorpora uma dimensão da Igreja que é diferente daquela incorporada por Francisco de Assis, mas que também será decisiva no século XXI. Foi um dos primeiros seguidores de Inácio de Loyola, fundador da ordem jesuíta, à qual Bergoglio também pertence. Junto com Inácio, Xavier trabalhou nos primeiros estatutos da ordem e, pouco depois, partiu em missão. Em 1542, desembarcou em Goa e passou a representar uma Igreja que se abria a novos objetivos. Continuou a viajar, levando o Evangelho a outras ilhas na região indiana e à atual Indonésia. Em 1549, partiu para o Japão e foi o primeiro missionário cristão a pisar no solo do imperador do reino do Extremo Oriente. Por fim, deveria conduzir sua missão à China, mas não conseguiu chegar à terra firme, pois morreu antes, em 3 de dezembro de 1552, na ilha de Shangchuan Dao.

Francisco Xavier influenciou a missão católica porque foi um dos primeiros a levar adiante o método da inculturação de maneira decisiva. Posteriormente criticado por isso, esse foi um dos fundamentos do êxito de sua atividade de pregação. O papa Francisco conhece muito bem esse método; a combinação de tradição católica e típica do local desempenha um papel importante em seu continente natal. O novo papa chegou a manifestar certa vez que seu grande sonho quando jovem jesuíta era ir ao Japão como missionário – um paralelismo compreensível. E quem conhece a atuação do ex-cardeal Bergoglio, quem tem nos ouvidos sua voz exortando a Igreja a partir e não querendo que os padres fiquem em casa irá reconhecer as semelhanças entre ambos ao ler a seguinte frase de

Francisco Xavier: "Por falta de auxiliares que se ocupem da obra santa, ainda há que se realizar muitas conversões nesses países! Como sempre, sinto-me tomado pelo desejo de irromper nas universidades europeias, gritando como alguém que perdeu o juízo; sobretudo em Paris, gostaria de fazer ouvir todos aqueles cujo conhecimento é maior do que o desejo de fazer bom uso dele; diante da Sorbonne reunida, eu gostaria de exclamar-lhes: quantas almas não são desviadas da salvação por vossa culpa! Quantas almas não se perdem por causa de vossa indiferença!".

Com certeza, Francisco Xavier é uma figura da qual Bergoglio se aproxima por pertencer à mesma ordem. Entretanto, no encontro com os representantes da mídia, em 16 de março, ele esclareceu que escolheu pelo menos o nome papal em referência a Francisco de Assis. Somente com base no modo e no estilo de linguagem, o episódio é tão extraordinário e cria tantas expectativas no que diz respeito ao relacionamento e ao tom dentro da Igreja que é indicado por completo nesta passagem: "Muitos não sabiam por que o bispo de Roma queria nomear-se Francisco. Alguns pensaram em Francisco Xavier, em Francisco de Sales, bem como em Francisco de Assis. Vou lhes contar uma história. Durante a eleição, estava sentado ao meu lado o arcebispo emérito de São Paulo e ex-prefeito da Congregação para o Clero, o cardeal Cláudio Hummes – um grande amigo, um grande amigo! Quando a situação foi se agravando, ele me deu apoio. E quando os votos chegaram a dois terços, ecoou o habitual aplauso, pois o papa havia sido eleito. Ele me abraçou, me beijou e me disse: 'Não se esqueça dos pobres!' Então, esta palavra se fixou em minha cabeça: os pobres, os pobres. Imediatamente pensei em Francisco de Assis, em referência aos pobres. Depois, pensei nas guerras, enquanto a contagem prosseguia até a totalidade de votos. E Francisco é o homem da paz. Assim, este nome penetrou em meu coração: Francisco de Assis. Para mim, ele é o homem da pobreza, o homem da paz, o homem que ama e preserva a Criação. Atualmente, nós também não estamos tendo um bom relacionamento com a Criação, não é mesmo? Ele é o homem que nos deu esse espírito de paz, o homem da pobreza. [...] Ah, como eu gostaria de uma Igreja pobre para os pobres!"

Essa é a história por trás do nome "Francisco". Naturalmente, também não se pode fantasiar sobre sua escolha. Francisco, o papa, terá de tratar muitas questões de maneira totalmente diferente de Francisco, o santo. O pontífice e o eremita são dois mundos diversos. No entanto, pode-se partir do princípio de que o novo papa estabelece alguns aspectos na direção de uma Igreja mais modesta. Sua origem latino-americana pode dar impulsos mais fortes do que os nomes, mas ainda não temos certeza disso. Todavia, não parece irrealista dizer que alguma coisa na Igreja irá mudar.

Só uma coisa certamente permanecerá igual: o novo papa não irá comemorar seu onomástico no dia de São Francisco, e sim no mesmo dia de 76 anos antes, ou seja, no dia de seu primeiro nome, Jorge.

SANTO PADRE – QUAIS SÃO OS TÍTULOS DE UM PAPA?

O título "papa" é entendido na moderna sociedade ocidental como característica única, segundo o lema de que existe apenas um papa, que é o chefe da Igreja Católica. Tudo bem, isso ele pode ser. Mas não é obrigado a sê-lo. Há outro "papa" além desse do Vaticano. O chefe da Igreja copta, difundida sobretudo no Egito, também é designado como "papa". E não é só isso. No passado, chegou a haver muito mais "papas". O conceito provém do termo grego "pappas", que, traduzido, significa "pai". Do mesmo modo como hoje o padre é chamado de "pai" em muitas regiões, antigamente os bispos e abades eram designados como "pappas" e "pai". Portanto, inicialmente o "pappas" de Roma era um bispo entre vários outros, sem um papel especial ou uma posição de destaque na hierarquia. Assim escreveu o historiador da Igreja Klaus Schatz: "Caso se perguntasse a um cristão do ano 100, 200 ou até 300 se havia um bispo superior a todos os outros e que tivesse a última palavra em questões relativas a toda a Igreja, ele certamente responderia que não". Demorou até o bispo de Roma ter a última palavra. Sua posição de poder só se cristalizou muito lentamente. No início, havia cinco grandes centros da cristandade, e os cinco patriarcados da Igreja antiga são as varas às quais o mundo cristão está preso: Antioquia, Alexandria, Constantinopla e Jerusalém, no Oriente, e Roma como único patriarcado no Ocidente. Somente aos poucos se impôs a ideia de uma primazia de Roma. Portanto, no início, o conceito "papa" ainda não dizia nada a respeito do cargo exercido pelo chefe da Igreja. Para descrever a grande quantidade de tarefas e privilégios, foram então criados inúmeros títulos, que se encontram listados no Anuário Pontifício.

Em primeiro lugar, logo após o nome do respectivo papa em exercício está o conceito "Episcopus Romanus", pelo menos na variante latina. De certo modo, ambos os termos são a carteira de identidade de um papa. Eles indicam sua missão originária, a saber, a de "bispo romano", ou melhor, "bispo de Roma". Isso descreve a gênese histórica do papado, bem como a função do papa. Ele é o guardião dos apostolados, dos túmulos de Pedro e Paulo e pastor supremo da diocese de Roma. De resto, sua igreja episcopal não é a Basílica de São Pedro, e sim a Basílica de São João de Latrão, que está entre as sete igrejas romanas de peregrinação, pois, durante muito tempo, Latrão foi sede dos papas, antes que eles mudassem para outro lado do rio Tibre.

O segundo título vai muito além do papel de bispo e logo deixa claro que o papa não é um bispo entre vários outros, um homem entre tantos, e sim o "Vicarius Iesu Christi", ou seja, o "lugar-tenente" ou "representante de Jesus Cristo". Mas há que se ter cuidado: muitas vezes se lê que o papa é o "representante de Deus". Isso não é verdade. Ele é o "representante de Jesus Cristo" na Terra, uma designação que, no século XII, substituiu aquela até então corrente de "Vicarius Beati Petri" ("representante de São Pedro"). A partir disso, pode-se depreender que os papas passaram a ter mais consciência de suas capacidades, que o título de "Vicarius Christi" indica a função especial que é atribuída ao papa, mas não a todos os outros patriarcados ou bispos, segundo a doutrina da Igreja. Como justificativa para esse posicionamento, remete-se principalmente à seguinte passagem do Evangelho segundo São Mateus, que diz: "Tu és Pedro, e sobre esta pedra edificarei minha Igreja, e os poderes do inferno não prevalecerão sobre ela. Dar-te-ei as chaves do reino dos céus; e tudo que ligares na Terra será ligado também nos céus, e tudo que desatares na Terra será desatado também nos céus".

A terceira designação é novamente algo terreno, mas volta ao tema do sucessor. No século V, Leão, o Grande, nomeou Pedro o "representante de Cristo" e a ele próprio como o "representante de Pedro". O terceiro título honorífico remete a essa ideia. Por conseguinte, o papa é o "sucessor do príncipe dos apóstolos" ("Successor Principis Apostolorum"). Pedro é esse príncipe dos apóstolos. Ele foi o líder dos apóstolos, o porta-voz dos doze. Sobretudo, é considerado o primeiro papa, incumbido por Jesus Cristo. O fato de o trecho correspondente da Bíblia ter sido inserido posteriormente nada muda na interpretação feita pela Igreja: Jesus incumbe Pedro de conduzir sua Igreja e, com isso, fundamenta a primazia do "príncipe dos apóstolos". O papa, por sua vez, é "Successor", sucessor de Pedro como primeiro entre os apóstolos. Nesse contexto, o conceito de "Successor" ou de "sucessão" é extremamente importante para o ofício católico: na "sucessão apostólica", a Igreja vê sua legitimação e a prova para a continuidade dos apóstolos até os bispos atuais. Do ponto de vista metafórico, o cargo do papa – e depois também dos bispos – pode ser imaginado como uma corrida de revezamento. O bastão sempre é passado adiante, trocam-se cumprimentos, e o próximo atleta é mandado para a corrida. Do ponto de vista histórico, obviamente pode haver lacunas, mas, para a Igreja, permanece decisiva a ideia de que, desde a época de Jesus, existe um vínculo entre seu primeiro grupo de discípulos e a comunidade atual dos fiéis. A imposição das mãos remete a isso; ela é, por assim dizer, o "cumprimento" dos atletas e vale como símbolo para a transmissão e a sucessão no âmbito da "sucessão apostólica". Ligado a essa "sucessão" está o chamado "primado da jurisdição", que significa que o papa dispõe do máximo poder jurídico e da condução de todos os cristãos. O Primeiro Concílio Vaticano enfatizou o primado do papa com a constituição "Pastor aeternus": "O Santo Trono Apostólico ou o papa romano tem o primado sobre toda a

Terra. O papa romano é o sucessor de Pedro, príncipe dos apóstolos; ele realmente é o representante de Cristo, o chefe de toda a Igreja, o pai e o professor de todos os cristãos; a ele, nosso Senhor Jesus Cristo entregou todo o poder de apascentar, reger e conduzir toda a Igreja". Um interessante aspecto secundário a respeito é o fato de que, em 11 de dezembro de 1998, a Congregação para a Doutrina da Fé publicou um documento que esclarece os títulos listados até agora. O texto remete ao Primeiro Concílio Vaticano e à constituição "Pastor aeternus", dizendo: "O primado do bispo de Roma exprime-se, sobretudo, tendo em vista o caráter episcopal na transmissão da palavra de Deus. Por essa razão, ele implica uma responsabilidade própria e especial na missão de evangelização, uma vez que a comunidade eclesiástica, por sua natureza, está destinada a expandir-se: 'Evangelizar é a graça e a verdadeira vocação da Igreja, sua mais profunda identidade'". Em outros tempos, certo Joseph Ratzinger conduziu a Congregação para a Doutrina da Fé. Mais tarde, quando passou de cardeal a papa e de Joseph Ratzinger a Bento XVI, seu foco orientou-se justamente a essa "transmissão da palavra de Deus". Bento XVI organizou um conselho para a nova evangelização, tentando, assim, cumprir o que em 1998 formulara em todo texto sobre o primado do bispo de Roma.

O quarto título honorífico do papa é significativo sobretudo na liturgia: como "Summus Pontifex Ecclesiae Universalis", o papa é o "Sumo Pontífice da Igreja Universal". Na prática, isso significa que, em uma celebração litúrgica, quando o papa está presente, é ele que a preside. É ele que pronuncia as decisivas palavras litúrgicas e que interpreta o Evangelho. Existe apenas uma celebração litúrgica que o papa conduz sem pregar: a liturgia da Sexta-Feira Santa. Nesse dia, quem faz o sermão é o "pregador da Casa Pontifícia". Talvez o título "sumo sacerdote" lembre a muitos o "sumo sacerdote" dos israelitas, que se conhece pela Bíblia. Com certeza, esse conceito desempenhou um papel na nomenclatura, e a ideia fundamental do sumo sacerdote na Terra exprime-se na primazia litúrgica do papa. Entretanto, a doutrina católica continua claramente assumindo o papel do "sumo sacerdote". O único verdadeiro sumo sacerdote é Jesus Cristo. O sacerdote na Terra age "in persona Christi", no lugar de Cristo e apenas através dele e com base em sua força. O papa não é exceção. Embora aja como "sumo sacerdote" e "representante de Cristo", é sempre Cristo, ou melhor, Deus quem atua.

Em comparação com o terceiro e o quarto títulos, o quinto, "Primas Italiae", não parece nada espetacular. Ele indica que o papa é não apenas "bispo de Roma", como também, ao mesmo tempo, "o primeiro da Itália", portanto, o chefe espiritual do país. Normalmente, o "Primas" assumia ou assume as funções e tarefas de condução de determinada região. Além disso, o conceito também existe em relação às ordens. Por exemplo, o primeiro-abade dos beneditinos, atualmente o alemão Notker Wolf, conduz a Ordem dos Beneditinos. Ser o "primeiro da Itália" não confere ao papa obrigações nem privilégios adicionais, é uma mera presidência honorífica. Não obstante, os títulos "Primas Italiae" e "Archiepiscopus et Metropolitanus Provinciae Romanae", o sexto título, também são interessantes e importantes por razões históricas: até hoje se fala de metropolitas com referência aos chefes das províncias eclesiásticas. Na Alemanha, trata-se dos arcebispos de Bamberg, Berlim, Freiburg, Hamburgo, Colônia, Munique e Freising, além de Paderborn. Especialmente interessante é o fato de que o arcebispo de Salzburg traz, ao mesmo tempo, o título de "Primas Germaniae"*. Hoje isso pode causar certo estranhamento; afinal, Salzburg é parte da Áustria. Antigamente, porém, durante muito tempo a cidade de Mozart foi sede do mais poderoso arcebispo da região e chefe de uma província eclesiástica, que abrangia extensas partes da Baviera. Mais tarde, o portador desse título até o século XIX foi o arcebispo de Mainz, e até hoje a sede episcopal da cidade é conhecida como "Santa Sé". No caso do "bispo de

---

* Primeiro da Alemanha. [N. da T.]

Roma", o papa, o título "Primas Italiae" conta muitas histórias interessantes. Uma das mais importantes é a de que, no século V, o "flagelo de Deus" varreu a Europa. Átila e suas hordas de hunos instauraram pânico e pavor no velho continente. Em 452, Átila atravessou a Itália com seus cavaleiros, pronto para saquear Roma. O papa Leão I (Leão, o Grande), cavalgou ao encontro do rei dos hunos e encontrou-o em Mântua. O que exatamente aconteceu depois ninguém sabe. Em todo caso, Átila bateu em retirada e poupou a "cidade eterna", seus arredores e seus habitantes. Nas "Stanze" de Raffaello, que se encontram nos museus do Vaticano, uma belíssima pintura retrata essa cena, certamente com os ornatos de uma lenda. Segundo ela, Leão I teria sido acompanhado pelos apóstolos Pedro e Paulo, que, por sua vez, teriam intimidado Átila. Deixando a lenda de lado, a pintura mostra que Leão I era um administrador inteligente, que conseguiu subornar o rei dos hunos e pagar o resgate da Itália. Esse fato tem certa importância na medida em que, nessa situação, o "bispo de Roma" de fato agiu como o "Primas Italiae" e assumiu a responsabilidade por todo o país, que, naturalmente, não é idêntico à Itália atual.

A penúltima designação apresentada pelo Anuário Pontifício descreve a influência secular do papa. De poder secular na Itália não há vestígio; afinal, ele é o "soberano do Estado do Vaticano". Esse título é relativamente recente e descreve a posição especial de que gozam o Vaticano e o papa com base nos tratados de Latrão, de 1929. Desse modo, a Santa Sé é, por assim dizer, um "tema de direito internacional não estatal", com o papa como chefe de Estado. Ligado à Santa Sé está o Estado da cidade do Vaticano. Em outras palavras: à Santa Sé pertencem o papa e todos os órgãos da cúria. O Estado do Vaticano é presidido pelo papa como soberano de uma monarquia eletiva absoluta. Essa monarquia e esse soberano são entendidos como determinado tipo de soberano, pelo menos é o que exprime o último título: o papa é "Servus servorum Dei", "servo dos servos de Deus". Esse título remonta a Gregório, o Grande, que de 590 a 604 presidiu o trono de São

Pedro e destacou a função servil do papa, uma função que, na história do papado, certamente caiu várias vezes no esquecimento. Desde o início do século XXI, não há outros títulos. Bento XVI os cancelou. Desde Leão, o Grande, o papa era chamado de "patriarca do Ocidente". Quando Bento abriu mão desse título, a imprensa elogiou o alemão por esse gesto e o celebrou como grande sinal ecumênico dirigido às igrejas ortodoxas. Entre elas, porém, a postura foi muito mais reservada, e alguns teólogos chegaram a manifestar-se com ceticismo. Temiam que o cancelamento do título "patriarca do Ocidente" significasse uma despedida definitiva, ou seja, que o papa deixasse de ser um "patriarca" como os outros existentes. Até hoje, uma das ideias baseia-se na revogação do Cisma do Oriente, segundo o qual o patriarcado da antiguidade é reconhecido e o patriarca de Roma (ou do Ocidente) é apenas um "Primus inter Pares".

Quem caminhar por Roma verá em muitos edifícios a inscrição "Pontifex Maximus", que não é o título no sentido do "Annuario Pontificio". "Pontifex", em latim, significa "construtor de pontes". Na Roma antiga, o "Pontifex Maximus" era o sacerdote-chefe que respondia pelas importantes ações de culto. Mais tarde, os imperadores romanos reivindicaram esse título e, por fim, os papas fizeram o mesmo. Por sua vez, foi Leão, o Grande, o primeiro a utilizá-lo para o cargo de papa. Com isso, ele quis ressaltar uma posição de liderança e seu direito a um poder secular e eclesiástico. Atualmente, "Pontifex Maximus" não é nenhum título honorífico, embora com frequência se vejam as abreviações "P. M." ou "Pont. Max.".

DO QUE SE TRATA: OS DESAFIOS PARA O PAPA FRANCISCO

Marc Ouellet não é, por certo, um homem covarde. Como missionário, o canadense trabalhou na América Latina e, como diretor da Congregação para os Bispos, ele também conhece os perigos do círculo de clérigos. Apesar de sua experiência, Ouellet falou antes do conclave de um "pesadelo com uma responsabilidade gigantesca", e com isso estaria se referindo não à escolha do novo papa, e sim de seu cargo. O próprio ex-arcebispo do Quebec havia sido colocado em jogo como "papável", o que fez com que esse senhor de 68 anos respondesse: "Isso me faz refletir. Isso me faz orar. E me assusto perante o peso dessa missão".

Quão pesada é essa missão foi o que se viu no papa Bento XVI. Em seu rosto cansado e no esforço que ele fez para carregar o fardo como "burro de carga de Deus". Um fardo que não será mais simples para Francisco no futuro. Ao contrário. À espera do papa Francisco há centenas de novas missões. A essa altura, não podemos nem sequer nomear o início de todas elas.

No próximo capítulo, serão discutidos alguns desafios especialmente controversos. Outros, como a perseguição aos cristãos, o ecumenismo ou o diálogo inter-religioso, não serão tratados. Justamente o diálogo com as confissões e religiões é irrenunciável, inclusive do ponto de vista da política mundial. E o fato de que os cristãos sejam a comunidade religiosa mais perseguida do mundo abala e entristece. Portanto, a seleção seguinte não se deve a nenhuma preferência por conteúdo, e sim ao fato de que na maioria dos desafios mencionados surgiram novas situações. Também se discutirá em detalhes a situação especial em que se encontra Francisco como sucessor de um papa que não morreu, mas renunciou. Francisco terá de dominar a situação sem ser considerado marionete de Bento XVI – ainda que seja mais do que improvável que este tenha algum interesse em fazer isso e, menos ainda, em manipular o atual papa em segundo plano – e, por outro lado, fazer com que novos caminhos não pareçam logro por parte de seu antecessor. Ele terá de manter o bom humor dos fiéis seguidores de Bento XVI, que tem toda uma série de confidentes em posições importantes, a começar por Georg Gänswein, seu secretário particular e prefeito da Casa Pontifícia. Ao mesmo tempo, Francisco também terá de construir sua própria base de seguidores, sem a qual um papa não consegue atuar. Tudo isso exigirá conhecimento do ser humano, bom senso e diplomacia do papa Francisco.

A DEMOGRAFIA CATÓLICA
E SEU SIGNIFICADO

Pouco antes do conclave, houve finalmente uma clara notificação. Em uma carta aos cardeais, o padre jesuíta James Martin escreveu: "Para simplificar os trabalhos, eu gostaria de sugerir um candidato no qual nunca pensei: vosso homem é quem assina esta carta".

Não foi o padre James Martin quem se tornou papa, e sim seu confrade de ordem Jorge Mario Bergoglio. Seja como for, naturalmente a carta não era séria; mesmo assim, mostrou-se interessante, pois o jesuíta apresentou doze pontos que, segundo ele, o qualificariam para o cargo de papa, ainda que escritos em tom irônico. Todavia, não sem apresentar critérios que, de fato, são importantes para a situação momentânea da Igreja: "Trabalhei na África, no Quênia, por dois anos". Por isso, o padre Martin escreve em seguida: "Para todos aqueles que gostariam de um futuro papa do terceiro mundo, eu também seria adequado". "Também falo espanhol", acrescenta o jesuíta, "e há muitos católicos de língua espanhola." O que o padre Martin quis tematizar com humor tornou-se sério para Francisco. Para ele, as mudanças demográficas e geográficas são um imenso desafio. Francisco I assumiu a liderança de uma Igreja que está perdendo antigas regiões e antigas certezas e encontrando novas realidades em outras áreas. A eleição do argentino Jorge Mario Bergoglio é não apenas um acontecimento que causou sensação, mas também, sobretudo, uma eleição bastante realista, pelo menos no que se refere à evolução da Igreja. Ela leva em conta a dinâmica demográfica que abrangeu a Igreja. Essa dinâmica atua nas mesmas áreas em que padres, membros das ordens e laicos alteram as sociedades por meio da pregação e da diaconia. Porém, essa dinâmica também atua transformando a própria Igreja. Não é à toa que ela é comparada a um corpo e, do ponto de vista teológico, é designada como o corpo de Cristo. Sem levarmos em conta as implicações teológicas da tese do "corpo de Cristo", a imagem da Igreja mostra-se claramente como um organismo vivo. E, como um corpo, a Igreja também é alterada em seu todo com as alterações em cada parte, ou seja, em sua autoconcepção, em sua percepção e em sua atuação. Se aceitarmos – e, para os cristãos, este é o pré-requisito fundamental – que existe algo inerente à Igreja que simplesmente não é deste mundo, teremos uma tensão a partir de um núcleo inalterado e outro alterável, bem como camadas externas já alteradas e outras em alteração. Já em seus primórdios, a filosofia grega e, mais tarde, a escolástica utilizaram essa figura de pensamento, sobretudo quando se tratava da questão da identidade do ser humano. Nesse contexto emergem dois conceitos: "substância" e "acidência". Não podemos aqui entrar em detalhes mais precisos, ainda que, possivelmente, faltem definições. Entretanto, ambos os conceitos ajudam a esclarecer o fenômeno da Igreja como corpo e a questão sobre a identidade da Igreja.

A substância nessas teorias é o que permanece, ela não se altera e é invisível para quem olha de fora. Se assim preferirmos, ela é o núcleo e a garantia da identidade. Em contrapartida, as acidências se alteram e são visíveis para quem está de fora. Substância e acidência são interdependentes e uma não pode ser pensada sem a outra. Transferida para a Igreja, a substância de Cristo seria a instituição e a atuação dentro dela, e as acidências, as formas concretas na Terra. A Igreja só pode subsistir devido a essa substância e, ao mesmo tempo, tem de aceitar a alteração de suas acidências, ou melhor, ela tem até mesmo de desejar e promover essa alteração. Por um lado, o próprio papa, como "representante de Cristo", representa algo dessa substância, sem ser ele próprio a substância. A concepção de seu cargo pode alterar-se – ninguém tornou isso mais claro do que Bento XVI, que, por um lado, em sua coerente continuidade, persistiu nas tradições transmitidas e, ao mesmo tempo, quebrou a tradição ao renunciar espontaneamente ao trono de São Pedro. Apesar das alterações, o núcleo, ou seja, a identidade da Igreja, permanece o mesmo. Mas o rosto, o aspecto da Igreja mudou e mudará ainda mais no futuro.

As alterações da demografia católica – há estimativas que partem do princípio de que, em 2025, três quartos de todos os católicos viverão na África, na Ásia ou na América Latina – são, de fato, um deslocamento tectônico com inúmeras consequências e implicações. Para Francisco, a alteração da situação demográfica e geográfica será uma das tarefas mais complexas. Suas possibilidades de influência direta são limitadas, porém existentes. Bento XVI, por exemplo, não fez nenhuma viagem à Ásia. Uma falta do papa alemão. Quem se lembra da missa que João Paulo II celebrou durante a X Jornada Mundial da Juventude, em Manila, quem tem diante dos olhos as imagens e a atmosfera criada pela população filipina e pelos jovens do mundo inteiro faz uma ideia da capacidade de entusiasmo que existe nessa parte da Igreja Católica. A missa de encerramento, em 15 de janeiro de 1995, com mais de 4 milhões de participantes, é considerada um dos maiores eventos de todos os tempos. As discussões antes do conclave sobre uma possível eleição do bispo de Manila, o cardeal Luis Antonio Tagle, mostram a importância que a Igreja asiática já adquiriu e continuará a ampliar. Francisco pode levar isso em conta realizando viagens. Essa é a opção mais evidente. Outra possibilidade é a política pessoal. A ela pertencem não apenas a promoção de cardeais, que é importante e, sobretudo, tem apelo público, mas também a convocação em grêmios, como a Comissão Teológica Internacional. Naturalmente, para tanto deve haver uma equipe. Só o fato de que, no oitavo quinquênio – o que significa que cada ocasião se estende por mais de cinco anos –, além de Dominic Veliath, teólogo e membro da ordem indiana SDB,* havia apenas um representante da região asiática é algo problemático. Mesmo que se aceitasse a tese, tantas vezes manifestada, de que os europeus e norte-americanos são líderes na teologia, e que não se considerasse a generalização, essa preponderância das influências ocidentais permaneceria problemática. A coesão da Igreja será garantida, principalmente, por sua doutrina. E dificilmente Francisco poderá se permitir não levar suficientemente em consideração as influências da Ásia. O mesmo vale para sua terra natal, a América Latina. Todavia, o novo papa não apenas aceitará novas evoluções, mas também terá de combater outras. Desse modo, foi significativo o fato de que, nas pesquisas de opinião antes do conclave, a maioria dos alemães tenha desejado um papa africano. Não que a eleição de um pontífice proveniente do "terceiro mundo" fosse absurda. A justificativa para essa preferência era que um africano seria um chefe mais liberal da Igreja. Esse é o romantismo da reforma ocidental, que nada tem a ver com a realidade. De fato, sobretudo em regiões africanas, não raro se depara com um catolicismo que é tudo, menos "liberal" segundo os padrões ocidentais. Grande parte dos cristãos africanos adota posições muito mais rígidas do que os clérigos ou fiéis europeus e norte-americanos no que se refere a questões como homossexualidade e aborto. Philip Jenkins, reconhecido estudioso da religião, mostra um quadro bastante drástico, mas não totalmente irreal ao prevenir: "A fé católica que se alastra rapidamente na África e na Ásia atua como uma tradição religiosa do período anterior ao Segundo Concílio Vaticano: com muito respeito pelo poder dos bispos e sacerdotes e presa a antigas formas de cerimônia religiosa. Especialmente o catolicismo na África flerta mais com a autoridade e o carisma espiritual do que com novas ideias, como a deliberação e a demo-

---

* Societas Salesiana Sancti Joannis Don Bosco (Congregação Católica para Sacerdotes e Laicos). [N. da T.]

cracia". Este é um dos lados de um conflito que ameaça o interior da Igreja; um conflito entre um Norte mais liberal e um Sul mais conservador, como já ocorre entre os anglicanos. Do outro lado estão as chances que significam o deslocamento demográfico e que especialistas como Leopold Leeb, missionário do Verbo Divino, assim descreve: "Apesar da pobreza material e de problemas sociais, a África é um continente bonito e rico, onde a Igreja mostra notáveis desenvolvimentos. Há música cristã africana, liturgias africanas, teologias nativas e muita esperança em relação ao futuro. E a Igreja é uma portadora de esperança na África, e a África também é uma portadora de esperança para a Igreja Universal". O papa Francisco terá de dominar essa dupla exigência. Certamente, até por sua própria origem, o novo Santo Padre não deixará de considerar essas alterações e esses desenvolvimentos. O centro das atenções se deslocaria mais na direção do Cabo Horn e no Cabo da Boa Esperança. Nesse sentido, Francisco pode apostar que especialmente a América Latina e a América do Sul esperam por um recomeço após a era Wojtyla-Ratzinger e finalmente receberam o primeiro papa de sua região. Este foi um fator importante no conclave e poderia ser um trunfo decisivo nos anos de pontificado de Francisco. Com efeito, Bento XVI deixou a seu sucessor uma herança mista no que se refere aos latino-americanos, aos sul-americanos e aos habitantes da América do Sul, o maior grupo na Igreja Católica. Como prefeito da Congregação para a Doutrina da Fé, sua atuação intransigente em relação a alguns teólogos da libertação não foi esquecida nem perdoada por muitos. Comunidades na Guatemala, paróquias no Peru e episcopados no Brasil sentem-se negligenciados e julgam que suas preocupações não foram levadas a sério. Segundo a impressão que se tem, a teologia é feita na Europa e não tem nenhuma noção da realidade nem do local. Muitas vezes, a equipe que se encontra no comando é insegura, e essa insegurança cria um abismo entre o clero e os fiéis. Por outro lado, em tempos mais recentes, inúmeros pregadores e assistentes sociais latino-americanos perceberam que, em princípio, Bento teria defendido muitos interesses dos teólogos da libertação, pelo menos no que diz respeito ao conteúdo: "Bento defendeu, em alto e bom som, os pobres e foi estritamente contra a distribuição desigual de renda. Nesse sentido, foi um progressista", opina James Martin, escritor e padre jesuíta americano. Ramon Luzarraga, professor universitário em Ohio, completa: "Os teólogos da libertação trabalham silenciosamente com governos e partidos de esquerda, enquanto Bento prefere permanecer neutro".

Para Francisco, esta última citação é especialmente importante. A mídia designa seu passado como "mancha escura" durante a ditadura militar na Argentina. De fato, seu papel não está totalmente esclarecido. Francisco irá mostrar quão política a Igreja pretende ser e se ela realmente quer dar "uma virada para a esquerda" enquanto "opção para os pobres". A cúria ainda conta com muitos clérigos que, durante décadas, observaram com desconfiança ou até combateram a teologia da libertação por um longo período. Por outro lado, está claro que a Igreja não pode se permitir por mais tempo dar aos latino-americanos a impressão de que suas preocupações e suas necessidades não são levadas a sério também do ponto de vista teológico. Francisco e Gerhard Ludwig Müller, prefeito da Congregação para a Doutrina da Fé, terão de esclarecer a relação interna com a teologia da libertação. A situação é interessante: antes de sua nomeação para "guardião da doutrina", Gerhard Ludwig Müller foi rejeitado por círculos conservadores italianos, entre outros, porque supostamente estaria muito próximo da teologia da libertação. Na realidade, Müller é um profundo conhecedor da América Latina e das correntes religiosas e sociais no subcontinente. Estudou com o famoso Gustavo Gutiérrez e adquiriu novas experiências "com pessoas, para as quais essa teologia evoluiu. Para minha própria evolução teológica, essa inversão na sequência da teoria para a prática até os três passos 'ver-julgar-agir' tornou-se decisiva". Após sua nomeação para chefe da Congregação para a Doutrina da Fé, ele explicou rapidamente que, em princípio, não se deveria condenar a teologia da libertação, embora se deva rejeitar uma "mistura de doutrinas marxistas de autorredenção e a salvação dada por Deus". Contudo, haveria uma "correta teologia da libertação", que reage à situação dos pobres e dos oprimidos. Se esse for seu desejo, Francisco terá de dar o sinal para que essa teologia seja formulada e entre em voga nos Palazzi romanos. Por enquanto, é secundário se fará isso direta ou indiretamente através da Congregação para a Doutrina da Fé.

A relação com a estrutura em alteração e a estática da Igreja passará a pertencer aos principais temas do novo pontificado. Ainda como cardeal, Bergoglio dissera: "A distribuição desigual dos bens cria uma situação de pecado social que clama aos céus e priva muitos irmãos e muitas irmãs da possibilidade de uma vida mais plena".

Todavia, os fiéis devem ter em mente que, nesse caso, a "semper reformanda" é uma "reformanda" muito lenta. O eurocentrismo na Igreja pode ser superado, mas isso requer paciência. Ninguém vai querer nem poder renunciar à força das igrejas locais europeias ou americanas. A verdadeira arte é integrá-las em um processo que instaura a Igreja na nova situação, sem fazer com que ela perca sua herança. O entusiasmo pela Igreja jovem no "terceiro mundo", como oposição esperançosa em relação à Igreja antiga na Europa ou na América do Norte não pode nos cegar quanto aos perigos estruturais e ideológicos, descritos inicialmente, do catolicismo praticado, por exemplo, na África. A mediação entre novo e antigo, liberal e reacionário irá exigir de Francisco e de seus colaboradores. Não será fácil reagir a essa exigência de maneira adequada. Para impedir que o deslocamento tectônico na Igreja abra profundas fendas, é necessário ter força, criatividade e disposição para seguir por novos caminhos. Por exemplo, fizeram-se reflexões – inoficialmente, é claro – sobre continuar a internacionalizar a formação de sacerdotes. Um ano obrigatório como intercâmbio – e não em Roma – poderia abrir a possibilidade de importar iniciativas de outras culturas, sem com isso fazer um corte muito radical. Essas medidas parecem discretas, mas são eficazes. Podem ser uma possibilidade de atuar indiretamente a partir do centro, deixando a periferia agir. Sem querer equiparar o Vaticano a Deus, vale mencionar uma famosa citação de Pierre Teilhard de Chardin, também jesuíta como o novo pontífice, sobre a teoria da Criação: "Deus faz com que as coisas se façam por si mesmas". Com todas as dificuldades e levando em conta que os desvios não estão excluídos, Roma e o papa poderiam abrir caminho e, sobretudo, dar liberdade para que as igrejas locais se desenvolvam sem perderem a referência à Santa Sé e ao ofício católico.

O PROJETO DA NOVA EVANGELIZAÇÃO

"Na realidade, evangelizar é a graça e a verdadeira vocação da Igreja, sua mais profunda identidade." "Por toda parte e sempre, a Igreja tem a obrigação de pregar o Evangelho de Jesus Cristo." Duas frases, dois papas e uma declaração: a identidade e a missão da Igreja são pregar a mensagem de Jesus Cristo. A primeira citação provém do texto apostólico "Evangelii nuntiandi", de Paulo VI, e a segunda, do moto próprio "Ubicumque et semper", de Bento XVI. Um "moto próprio" é uma forma de documento papal que o pontífice publica por iniciativa própria (em latim: "motu proprio"). Geralmente se trata de interesses bastante importantes que "motivam" o Santo Padre. Com "Ubicumque et semper", Bento XVI não apenas formulou um interesse especial, mas também começou a mais importante iniciativa do seu pontificado, que foi a "nova evangelização". Para ajudá-la a ter êxito, Bento XVI criou um órgão próprio, o "Conselho Pontifício para a Promoção da Nova Evangelização". Esse conselho deve:

1. aprofundar o significado teológico e pastoral da nova evangelização;
2. promover o estudo, a difusão e a aplicação do ofício papal em relação aos temas ligados à nova evangelização;

3. divulgar e apoiar iniciativas ligadas à nova evangelização, bem como promover a realização de novas iniciativas;
4. estudar e promover a utilização de modernos meios de comunicação como instrumentos de uma nova evangelização;
5. promover o uso do catecismo da Igreja católica.

Assim rezam os estatutos, quase com as mesmas palavras que o próprio Bento XVI aprovou com seu texto. A área de aplicação também é indicada, a saber, os países do "primeiro mundo", ou seja, "regiões de recente cristianização". Nelas, o Evangelho tem de ser pregado novamente, "novamente" no sentido de "renovadamente", "de outro modo", mas com o mesmo conteúdo "antigo". Pois, para Bento XVI, o antigo conteúdo é a eternamente atual mensagem de Jesus Cristo. Voltar a pregá-la no primeiro mundo seria pré-requisito para o avanço "constante" da Igreja evangelizada para a Igreja evangelizadora.

Essas frases soam ambiciosas. Mas também permanecem vagas. Mesmo o conceito da "nova evangelização" não é unívoco; inoficialmente, alguns membros do Conselho mostraram-se até entusiasmados com o termo. Medidas e iniciativas já existiam. Contudo, falta a grande linha concreta. Uma tentativa de Bento XVI de definir essa linha foi a convocação do "Ano da Fé", que deveria ser um grande "sim" da fé e para a fé. Francisco herdou de seu antecessor o ano e os prazos a ele ligados. Além disso, ele precisará pontuar como, por exemplo, utilizar melhor o fato de que, no "primeiro mundo", estão em atividade cada vez mais sacerdotes de países que anteriormente foram evangelizados por esse "primeiro mundo" e que agora voltam para pregar o Evangelho à sua maneira.

Para Francisco, a nova evangelização torna-se um indicador pastoral de seu pontificado. Não apenas a nova evangelização no "primeiro mundo", mas a evangelização como um todo. O fortalecimento das igrejas pentecostais e das igrejas livres, especialmente na África e na América Latina, é um grande desafio para a Igreja. Em sua origem, essas regiões não se inserem na área economicamente atraente dessa iniciativa de nova evangelização; entretanto, o desafio permanece. A Igreja terá de tentar atualizar sua pregação, tornando-a mais espiritualizada, mas não espírita, mais fundamentada na Bíblia, mas não fundamentalista, mais carismática, mas não sectária. Isso vale, sobretudo, para as regiões em que a Igreja se vê em forte concorrência com os evangélicos, os pentecostais e os membros das igrejas livres e para a nova evangelização no "primeiro mundo".

Francisco conhece as exigências provenientes de seu episcopado natal, na Argentina, e pode, mais do que em outras tarefas, intervir diretamente. Em primeiro lugar, como sumo pregador da mensagem cristã. Segundo enfatiza a Igreja, a nova evangelização precisa de "persuasores persuadidos". Um papa precisa prestar testemunho da mensagem de Cristo de maneira convincente. De certo modo, esta é uma condição da sua atitude. Iniciativas concretas têm de ser lançadas. A nova evangelização começa na própria Igreja, a fim de prepará-la para a pregação em uma época que sofre mudanças: "Entretanto, nessa dupla dinâmica da evangelização e da missão, cabe à Igreja não apenas o papel ativo como sujeito da pregação, mas também o papel reflexivo de ouvir com atenção e do conjunto de discípulos. Como evangelizadora, a Igreja começa a evangelizar a si própria", diz uma passagem de um texto publicado em março de 2011, como preparação para a Assembleia Geral Ordinária do Sínodo dos Bispos, em 2012. O cardeal Donald Wuerl, arcebispo de Washington e que estava entre os eleitores do papa no conclave, foi um dos principais oradores desse sínodo e, posteriormente, a partir desse momento, passa a ser considerado um dos mais versados pensadores a respeito do tema. O cardeal Wuerl escreveu e disse muito sobre a nova evangelização, mas uma breve declaração ilustra de modo bastante evidente o desafio que a Igreja tem pela frente: "This is a new moment in the life of the Church, a new Pentecost" [Este é um novo momento na vida da Igreja, um novo Pentecostes]. Eis o que a Igreja precisa sob o comando do papa Francisco: nem mais nem menos do que um novo Pentecostes. Para lembrar, Pentecostes foi o evento que pode ser visto como a "fundação" da Igreja missionária, como o dia do seu nascimento, por assim dizer. A Igreja precisa renascer na Europa, e isso parece desconcertante. Segundo a história dos apóstolos, o Pentecostes anulou a confusão linguística de Babel. Analogamente, em relação à situação atual, o novo Pentecostes teria de superar o mutismo que prevalece em tempos de secularização. Portanto, do ponto de vista teológico, o cardeal Wuerl pode ter razão ao dizer: "A nova evangelização não é um programa. É uma forma do pensamento, da percepção e da ação. [...] É um reconhecimento de que o Espírito Santo continua a atuar ativamente na Igreja". A dificuldade do novo Pentecostes será tornar esse Espírito perceptível e visível na Igreja. Por mais que seja verdade que um novo Pentecostes é necessário, a fim de promover uma nova evangelização, e que, por fim, a fé, a graça e a oração são parte dessa iniciativa, também é verdade que a Igreja tem de se concretizar. Não importa se em novos movimentos carismáticos, em projetos sociais ou em mídias sociais. "A oração não substitui nenhum ato, mas é um ato que não pode ser substituído por nada." A citação do luterano e mártir Dietrich Bonhoeffer vale para a nova evangelização de maneira especial. Iniciativas como as ações conjuntas de catequese durante a Quaresma nas grandes cidades europeias ou nas noites do Nightfever,* na Alemanha, são um começo. Elas não desencadearão uma retração no número de católicos, nem devem. Foram necessários séculos para evangelizar algumas partes do mundo. A nova evangelização não dispõe de tanto tempo assim; porém, não poderá ter êxito se não tiver paciência. À evangelização cabem ações que, para alguns, podem parecer simbólicas, ou alterações modestas, que, junto com outras, reor-

---

* Movimento católico de pessoas que se reúnem periodicamente em missas noturnas, à luz de velas. [N. da T.]

ganizam o posto de manobra da pregação católica. Um exemplo: o Evangelho e a eucaristia formam o núcleo da vida eclesiástica. Porém, na maioria das regiões europeias, cada vez menos pessoas vão regularmente à Santa Missa. Isso depende de muitos fatores. Um deles, que costuma ser ignorado, é a importância que se dá à missa. Do início até meados do século, perder a missa era considerado um grave pecado, que podia incluir a punição eterna. Após o Segundo Concílio Vaticano, esse exagero teológico e essa interpretação errônea foram corrigidos. Porém, ao mesmo tempo, sacerdotes e catequistas, professores de religião e pais deixaram de passar adiante a importância da missa. Passou-se de um extremo a outro. Muitos católicos simplesmente já não têm consciência do significado do serviço divino. No entanto, quando essa extensa parte da comunidade católica já não participa da missa, logo esta passa a ser lida. Demonstrar isso seria uma tarefa que parece pequena, mas é necessária. E é uma tarefa não apenas dos sacerdotes, mas também de todos que atuam na pregação ou na educação religiosa.

Por certo, Francisco chamará a atenção para isso, tal como já fez seu antecessor. O fato de ele se nomear Francisco é um indício. Pois São Francisco veio para pregar novamente a mensagem de Cristo. Encontrou outra forma de se dedicar a Deus e abriu estruturas consolidadas. Resta esperar que o novo papa siga o exemplo do santo que lhe emprestou o nome e que ele ore pela nova evangelização, mas não se esqueça que a oração não substitui o ato. Por conseguinte, seu primeiro ato poderia ser uma encíclica, que Bento XVI já deixara quase pronta e que ainda falta na tríade feita de "fé", "amor" e "esperança". Com uma encíclica sobre a fé, Francisco poderia assinalar que disse "sim" para a fé e que deseja passar adiante esse "sim"; que ele está decidido a realizar a missão da Igreja e, com ela, sua missão como chefe dessa Igreja. Ele poderia dar o sinal de largada. Metaforicamente, poderia fazer surgir um brilho de esperança no horizonte secular e dar à Igreja um novo e moderno "Cântico do Sol". Pois, uma coisa é clara: Francisco terá de cumprir com uma encíclica e, posteriormente, com orações e atos, o que já foi dito pelo primeiro e mais significativo evangelizador da antiguidade, o apóstolo Paulo: "Porque, se anuncio o evangelho, não tenho de que me gloriar, pois me é imposta essa obrigação; e ai de mim se não anunciar o Evangelho!"

QUESTÕES URGENTES: AIDS, HOMOSSEXUALISMO, CELIBATO E O PAPEL DA MULHER

Oitenta e oito por cento, segundo uma pesquisa de opinião realizada pela ZDF,* dos alemães católicos acham que os padres deveriam poder se casar. Um indicador de quanto o novo papa Francisco é pressionado para realizar uma reforma? Certamente, os 88% não são esse indicador. Os alemães podem não gostar; afinal, acabaram de ter um papa. Mas 88% representam o desejo estimado de cerca de 29 milhões de católicos, o que, por sua vez, perfaz 0,02% de toda a Igreja. A Igreja alemã tende a considerar esses 0,02% mais importantes do que os restantes 99,98%. Do ponto de vista pastoral e pessoal, chega a ser compreensível, uma vez que a Igreja local, por definição, é sentida na região onde está estabelecida e, portanto, em grande parte, de maneira subjetiva. Entretanto, isso nada muda no fato de que uma pesquisa de opinião sobre a supressão do celibato na Igreja Universal com certeza não daria 88% como resultado.

É importante discutir essa classificação, pois ela amplia a perspectiva. A comunidade dos fiéis no mundo não vê absolutamente o debate sobre o celibato como o tema mais delicado, como o espinho mais ardente na carne. Saber disso ajuda em uma discussão, mas não a substitui. Fazer parte da minoria não signi-

---

* Zweites Deutschen Fernsehen: segunda rede de televisão na Alemanha. [N. da T.]

fica, necessariamente, estar errado. A história da Igreja é o melhor exemplo disso. Se dependesse da porcentagem das pessoas que acreditaram nos relatos dos discípulos sobre a ressurreição de Jesus, dificilmente teria havido uma comunidade primitiva em Jerusalém que não apenas acreditou nessa ressurreição, mas também a atestou e anunciou. Por isso, 88% de mais de 30 milhões não são um argumento de autoridade no sentido da opinião de uma maioria. Mas são um indício que pode ser apoiado por outros. A supressão do celibato, que não é um dogma cristão nem um fundamento bíblico, pode ser objeto de discussão. É inevitável levar essa discussão adiante. Porém, como fazê-lo é algo que não podemos tratar aqui, pois nos levaria longe demais. Em todo caso, Bento XVI defendeu o celibato com veemência, por exemplo, no Encontro Mundial das Famílias, em junho de 2012, em Milão: "Estas três coisas – união pessoal com Deus, bem-estar da Igreja e bem-estar de toda a humanidade – não são diferentes nem opostas, mas uma sinfonia da fé vivida. Um sinal resplandecente desse amor pastoral e de um coração indiviso são o celibato sacerdotal e a virgindade sagrada". Essa é a posição oficial da Santa Sé, mas não automaticamente o senso comum dentro da Igreja. Apenas para mencionar um exemplo, há mais de vinte anos o jesuíta Karl Rahner já escrevera: "Se na medida em que a Igreja, em uma situação concreta, não conseguir encontrar um número suficiente de sacerdotes que renuncie ao celibato, então é evidente que ela terá de abdicar dessa obrigação de celibato, sendo desnecessário submeter essa questão a uma discussão teológica".

A linha adotada até agora por Jorge Mario Bergoglio permite supor que Francisco nada mudará na posição da Igreja. Até que ponto ele aceitará discutir a respeito deste ou de outros temas, como a ordenação de mulheres, ou seja, a consagração de mulheres ao sacerdócio, é o que se verá. Em um contexto ainda mais amplo está a questão fundamental sobre a posição dos laicos na Igreja. A Igreja europeia não pode continuar sendo tão marcadamente clerical como foi até agora, pois seus fiéis entendem e aceitam isso cada vez menos. Mas também não pode continuar sendo clerical por razões pragmáticas, sobretudo devido à falta de sacerdotes. Reagir a isso, encontrar uma nova geração de sacerdotes e voltar a elevar o número de vocações são imensos desafios. Obviamente, a falta de sacerdotes e a redução do número de fiéis são um problema estrutural. O que fazer com as igrejas? E o que fazer nas paróquias? Esse é um problema sobretudo pastoral, que lança muitas perguntas: deve a Igreja reunir e concentrar suas forças e ignorar a oferta abrangente? Sempre tendo em mente que, nesse caso, se trata de uma questão importante no contexto europeu, mas que não chega a se colocar no contexto africano devido ao número crescente de membros e vocações. Quanto ao tema da "dessecularização" referente à Europa, certa vez Joseph Ratzinger escrevera sobre o "pequeno rebanho" ao qual a Igreja europeia se veria necessariamente reduzida e tenta entender isso como oportunidade: "Cristo também poderia ser um homem feliz entre os homens, um semelhante ao homem quando não pode ser semelhante a Cristo. [...] Assim, cedo ou tarde, a favor ou contra a vontade da Igreja, após uma mudança estrutural interna, ocorrerá também uma externa rumo ao *pusillus grex*, ao pequeno rebanho". As experiências de Francisco nas comunidades de base latino- -americanas e nas favelas podem enriquecer a política vaticana – veremos se também para ele o "pequeno rebanho" é uma opção como foi para seu antecessor.

Há muito tempo que a mudança é cobrada pelos críticos não apenas no que se refere à questão do celibato, mas também em relação a outras questões, como a da consagração das mulheres ao sacerdócio. É improvável que Francisco introduza inovações revolucionárias nesse sentido. Do ponto de vista da Igreja Universal, o tema da consagração das mulheres é bem menos controverso do que na Alemanha. Neste país, pouco antes do conclave, o influente cardeal Walter Kasper, o mais velho dos eleitores do papa, trouxe para o debate novos cargos de destaque para as mulheres na forma de uma pergunta retórica: "Atualmente, diante dos novos desafios, não se poderia prever para as mulheres um cargo que não fosse o de diácona, mas que tivesse, como antigamente, um perfil próprio? Não se poderia, não através da imposição sacramental das mãos, mas de maneira semelhante à consagração das abadessas, ou seja, através da bênção, atribuir às mulheres um cargo de diácona da comunidade e encarregá-la de determinados serviços litúrgicos, pastorais, de caridade e catequese? Um aspecto sacramental como esse também participaria de uma dimensão sacramental de base da Igreja, embora não com a mesma 'densidade' que um sacramento. No sentido da tradição, poder-se-ia pensar em unir essa bênção à consagração da Virgem". Por outro lado, Kasper censurou a esperança de que o novo papa introduziria o sacerdócio da mulher, permanecendo, assim, alinhado a seus colegas cardeais do mundo inteiro, que, a esse respeito, não veem nenhuma mudança se aproximar no horizonte: "Assim, no texto apostólico *Ordinatio sacerdotalis*, de 1994, João Paulo II pôde esclarecer que, com base na tradição intacta e segundo o modelo de Jesus Cristo, a Igreja não dispõe de nenhuma autoridade para consagrar as mulheres ao sacerdócio e que todos os fiéis da Igreja devem, definitivamente, ater-se a essa decisão".

As perguntas que acabamos de mencionar referem-se, a princípio e em primeira instância, a questões internas que, posteriormente, obtiveram uma importância externa, uma vez que repercutem no papel que a Igreja quer e pode desempenhar no mundo. Outros temas controversos são questões morais e éticas, que se referem, por exemplo, ao posicionamento da Igreja em relação ao homossexualismo, ao aborto e à Aids. A esse respeito, pouco poderá ser discutido aqui, assim como também não será possível discorrer com mais detalhes sobre a questão do celibato ou da ordenação de mulheres. Muito provavelmente, outras antigas posições permanecerão intactas, tal como o "não" fundamental ao aborto. Entretanto, pode-se partir do princípio de que ocorrerão especificações e atualizações durante o pontificado de

Francisco, que já podem ser percebidas como avanços. Dois exemplos evidenciam isso, mesmo que nem todo católico compartilhe das convicções dos protagonistas:

Em março de 2012, a revista italiana *L'Espresso* causou sensação com uma pré-publicação que trazia o título: "Cardeal Martini: eu e os homossexuais". A manchete chocante engana; para muitos católicos liberais na Itália, o conteúdo é a manifestação de um ser humano. A pré-publicação provém do livro *Credere e conoscere*, baseado em um diálogo entre o cardeal Carlo Maria Martini e Ignazio Marino. Na época, aliás, poucos meses antes da morte de Martini, em agosto de 2012, falou-se literalmente sobre Deus e o mundo, bem como sobre a homossexualidade. Martini, ex-arcebispo de Milão, a maior diocese do mundo, ressaltou sua posição, que, do ponto de vista eclesiástico, não é incontroversa, mas não representa de modo algum uma opinião única: "Não compartilho da opinião de pessoas na Igreja que se incomodam com as comunidades civis", disse Martini, e fez a seguinte pergunta retórica: "Insisto que a família seja defendida porque realmente constitui aquela instituição que sustenta a sociedade de modo estável e duradouro e porque assume um papel fundamental na educação de nossas crianças. Porém, se pessoas de sexos diferentes ou iguais desejam firmar um contrato para dar certa estabilidade à sua relação, por que deveríamos ser incondicionalmente contra?"

O segundo exemplo ocorreu em 15 de dezembro de 2012, quando uma mulher de 25 anos estava no pronto-socorro de um hospital em Colônia. À médica de plantão, ela contou que, na noite anterior, estivera em uma festa e que à tarde viu-se no banco de um parque no bairro Köln-Kalk, sem se lembrar de nada do que ocorrera na véspera. A mulher foi examinada no pronto-socorro e constatou-se que havia sido estuprada. A médica prescreveu-lhe a "pílula do dia seguinte". A vítima dirigiu-se aos hospitais St. Vinzenz, em Köln-Nippes, e Heilig Geist, mas ambos se recusaram a lhe fazer o exame e o tratamento. O caso veio a público e causou consternação. Os responsáveis pelos hospitais falaram de um mal-entendido, mas o espanto permaneceu.

Dois meses depois, é realizada a Assembleia Geral da Primavera da Conferência dos Bispos Alemães. Alguns episcopados já autorizaram a "pílula do dia seguinte" em casos como o de Colônia; agora é a vez da Conferência dos Bispos. Segundo o arcebispo Robert Zollitsch, que presidiu a Conferência, decidiu-se por unanimidade divulgar as seguintes declarações: "A Assembleia Geral corroborou que as mulheres que tiverem sido vítimas de estupro devem, evidentemente, receber auxílio humano, médico, psicológico e pastoral nos hospitais católicos. Desse auxílio pode fazer parte a prescrição de uma 'pílula do dia seguinte', na medida em que ela tenha o efeito de evitar a concepção, e não de abortar. Métodos médicos e farmacêuticos que causem a morte de um embrião não deverão ser empregados". Essa declaração foi comemorada com sensação na mídia no que se refere à sua formulação clara, mas não no que se refere ao seu conteúdo. O bispo Ignacio Carrasco de Paula, presidente da "Academia Pontifícia para a Vida", caracterizou o fato como diretriz do Vaticano há mais de cinquenta anos, deu cobertura a seus colegas alemães e, por essa razão, os meios de comunicação de massa alemães voltaram a comemorar. Entretanto, de Paula corroborou novamente que não poderia haver diretrizes gerais para casos como o que ocorrera em Colônia; portanto, nem um "pro" generalizado nem um "contra" apodíctico: "A Igreja precisa aguçar a consciência das pessoas. Nessas situações, o ofício da Igreja diz: em caso de estupro, toda opção possível deve ser levada em conta a fim de evitar a gravidez, mas não interrompê-la. Se um medicamento prescrito é classificado como contraceptivo ou abortivo, isso é um assunto para médicos e cientistas, não para a Igreja. O médico deve tomar uma decisão com base em seu conhecimento e em sua experiência. Muitas vezes, a pílula simplesmente é entregue sem que se demonstre algum interesse pela pessoa como indivíduo".

Ambos os exemplos são discutidos em meio a controvérsias. Eles mostram que o papa Francisco não apenas será confrontado com desejos e esperanças, mas também com posturas diferentes dentro de sua Igreja. Entre elas estão os temas da moral sexual, as questões relativas à ética médica e a discussão sobre a Aids. Nessas áreas, a doutrina da Igreja não é, como muitas vezes se apresenta, pura arbitrariedade. Normas precisam pautar-se por um valor e protegê-lo; do contrário, perdem sua legitimidade. O problema é que algumas das normas eclesiásticas já não podem ser atribuídas a um valor. A Igreja não deve nem pode correr atrás do espírito da época, como diz uma fórmula corrente. Mas isso não significa que a Igreja tem sempre e fundamentalmente de ser oposição. Em questões sobre a contracepção, sobretudo no contexto da Aids, é preciso repensar se a teoria eclesiástica abre exceções, de um lado, e se a prática eclesiástica há muito já se afastou da teoria, de outro. Essa reflexão precisa ser refeita não no sentido de que a teoria é fundamentalmente ajustada à prática. Essa seria a clássica conclusão errônea do ser-dever ser: a partir do fato de que algo é assim, não se conclui que ele também deve ser assim. Só porque alguma coisa é feita não quer dizer que já esteja boa. Não obstante, a Igreja e, com ela, o novo papa não podem se fechar a essas questões e precisam tolerar o fato de que raramente existem respostas que satisfaçam a todos. Isso pode parecer um lugar-comum, e é. No entanto, um lugar-comum que desafia concretamente a Igreja e, por conseguinte, seu chefe. Francisco terá de dar respostas. Ele dispõe de muitas possibilidades e canais, como demonstraram os volumes de entrevistas de Bento XVI. Sobretudo, não se pode esquecer de que, em tudo que foi dito, trata-se da obrigação e do dever que são formulados a partir de determinada perspectiva. Se Francisco partilha dessa perspectiva é o que vamos saber. Ele irá precisar do voto de confiança de que todo novo detentor de um cargo precisa para poder atuar. Ao mesmo tempo, há muito se sabe no Vaticano que o antigo lema "Roma locuta, causa finita" já não é válido. Nem todo caso chega automaticamente ao fim porque Roma se pronunciou. No fundo, vale mais, e não como pretexto, o que Bento XVI formulou pouco depois de iniciar seu cargo: "Eu também gostaria de dizer que o papa não é um oráculo e, como sabemos, apenas nos casos mais raros é infalível. Divido com vocês essas questões e esses problemas. Também sofro. Mas todos juntos sofreremos esses problemas e, ao sofrê-los, também os transformaremos, pois justamente o sofrimento é o caminho da transformação, e sem sofrimento nada muda".

CURAR FERIDAS – OS CASOS DE ABUSO SEXUAL NA IGREJA CATÓLICA

Ao final, Keith Michael Patrick O'Brien se convenceu. O cardeal demitiu-se do cargo de arcebispo de Saint Andrews e Edimburgo e renunciou a participar do conclave. Antes disso, as duras críticas se intensificaram, acusando O'Brien de ter-se aproximado "de maneira inadequada" de candidatos ao sacerdócio. Para não ofuscar a busca pelo novo chefe da Igreja com manchetes negativas, o escocês renunciou à viagem a Roma. Antes do conclave, do qual, por fim, Francisco saiu como sucessor de São Pedro, o relatório sobre relações sexuais ou abusos por parte de padres foi sensivelmente intensificado. Para evitar mal-entendidos: esse relatório não apenas é correto, mas também importante, pois por muito tempo os meios eclesiásticos esqueceram que sua lealdade também se dirige às minorias, e não automaticamente aos seus colegas. Robert Oliver, padre de Boston, desde dezembro de 2012 "promotor da justiça" na Congregação para a Doutrina da Fé e encarregado de investigar casos de abuso, disse com toda razão: "A mídia nos presta um grande serviço. Ela nos ajuda a manter a energia para que sejamos honestos e transparentes e nos coloquemos, com toda a nossa força, diante daquilo que é verdadeiro". Muitos vaticanistas* viram nesse sentido a

---

* Jornalistas do Vaticano. [N. do A.]

decisão a favor ou contra o respectivo "papável" correr menos ao longo de fronteiras geográficas ou ideológicas e mais ao longo de uma "linha de tolerância zero". Ficou evidente que só teria uma chance o candidato que sempre adotasse uma linha clara em questões de "abuso sexual" e contra o qual, naturalmente, não pesasse a menor suspeita de acobertamento ou até mesmo de transgressão. O papa Francisco é um candidato que corresponde às expectativas. A partir de então, ele será avaliado de acordo com a maneira como irá lidar em seu novo cargo com a culpa da Igreja. De fato, existem muitos desafios para o novo papa. Entretanto, dificilmente haverá um que exigirá tanto dele, do ponto de vista emocional, quanto as feridas abertas pelos casos de abuso sexual e que devem ser curadas. Nesse caso, ele realmente terá de ser um "Santo Padre". A combinação de antigas feridas e o impedimento de novas exigirá tudo dele. E não é pouca coisa. A credibilidade da Igreja sofre imensamente. Porém, sem credibilidade, a Igreja não pode assumir um papel de modelo moral. E, sem o papel de modelo moral, ela já não pode defender seus valores de maneira plausível, menos ainda pregá-los. Certa vez, Stephan Ackermann, bispo de Trier, encarregado pela Conferência dos Bispos Alemães de investigar os casos de abuso sexual, exprimiu com clareza: "Alguns comentários dos últimos meses sobre a Igreja Católica me fizeram lembrar as representações medievais da 'mulher mundo', aquelas figuras alegóricas, feitas de pedra, cuja frente mostrava uma mulher sedutora e elegante, mas, se a contornássemos e olhássemos para suas costas, veríamos que ela é coberta por sapos e serpentes, vermes, pus e bolor: símbolos drásticos da putrefação. É como se a temática do abuso sexual libertasse o olhar por trás da fachada limpa da 'mulher Igreja', mostrando livremente seu reverso podre e repugnante. Com isso, aos olhos dos seus opositores, a Igreja finalmente recebeu a prova de sua hipocrisia. Porém, nada atinge mais a credibilidade da Igreja do que a crítica da mentira e da hipocrisia. Pois, sem o voto de confiança, a Igreja não tem como cumprir sua missão".

Reconquistar a credibilidade e obter novamente um voto de confiança são algumas das importantes tarefas de Francisco, mas não as mais importantes. A principal e mais fundamental é a de ajudar antigas vítimas e evitar que haja novas. Infelizmente – e aqui temos de dizer isso com toda a clareza –, isso nunca vai dar certo. Entretanto, é preciso fazer de tudo para evitar crimes terríveis como esse. Nos mencionados relatórios, feitos antes do conclave, confundiram-se algumas críticas, de maneira que as relações sexuais de um sacerdote fossem contra a doutrina da Igreja, mas pertencessem a uma categoria totalmente diferente do abuso sexual de jovens, por exemplo. Antes de mais nada, a relação sexual consensual entre um sacerdote e uma mulher ou um sacerdote e um homem pode ser tratada dentro da Igreja. Mas abusos sexuais contra subordinados, tutelados ou menores de idade, não. Estes são crimes que precisam ser encaminhados às autoridades nacionais competentes. Tudo isso está claro. Claro como fato e claro como diretriz eclesiástica, pelo menos oficialmente. O papa Francisco está diante da tarefa de fazer com que o oficial também se torne o usual. Mais prevenção e mais informação são exigências que a Igreja terá de cumprir sob seu novo chefe.

Lidar com pessoas que sofreram abusos e com sacerdotes que os cometeram será um dos desafios mais difíceis e importantes. Um trabalho de Sísifo, pois novos relatos sempre voltarão a desabar sobre a Igreja como uma avalanche. Francisco terá de atuar como mediador para que essa avalanche seja bem-vinda. Somente através dela virá à tona o que estava soterrado. É uma circunstância que causará dor e continuará a desgastar a imagem da Igreja, mas não há alternativa. O trabalho de esclarecimento reabrirá todas as feridas. Para curar muitas delas, elas terão de ser reabertas. Para evitar dores futuras, as passadas terão de ser discutidas, o que é um paradoxo doloroso: a justiça causa nova dor – eis o veneno específico desse crime.

Nem todos esses tormentos podem ser aliviados, mas é preciso tentar fazê-lo. Com medidas financeiras, que não indenizam, mas, pelo menos, reconhecem o sofrimento da vítima e a culpa do criminoso. Com medidas médicas, como o acompanhamento psicológico, que, pelo menos, tentam reduzir os danos de longa duração. Até hoje, a Igreja não adotou uma diretriz uniforme a esse respeito. E com medidas estruturais, que tentam impedir esse tipo de crime e melhorar seu esclarecimento. Além disso, o papa Francisco deveria intervir pessoalmente, encontrar as vítimas, pedir reconciliação, talvez até fazer um "mea culpa", embora às vezes os juristas eclesiásticos previnam a respeito de confissões de culpa que possam ser utilizadas mais tarde. Entretanto, essas prevenções não deveriam ser a orientação oficial da Igreja, mesmo que, juridicamente, façam sentido. Elas mostram a imagem de uma Igreja que desvia o olhar das vítimas e volta-se apenas a si mesma. Como representante supremo da Igreja, Francisco precisa olhar para as vítimas, para os especialistas, mas também para os criminosos, que juridicamente serão responsabilizados e condenados, mas não sofrerão uma punição eterna. O papa Francisco não é responsável pelos erros da Igreja, mas pela reconciliação.

O papel de Francisco é importante. Porém, ao final, o papa só pode seguir adiante e tentar contar com o apoio da cúria e, sobretudo, das igrejas locais. Em 2010, na Alemanha, devido ao forte abalo provocado pelos escândalos de abuso sexual, organizou-se uma mesa-redonda para discutir o tema "O abuso sexual infantil nas relações de dependência e poder em instituições privadas e públicas e no âmbito familiar", e o resultado constatado foi terrível. Tão terrível que a revista *Spiegel* escreveu: "Em contrapartida, os diálogos com os representantes das igrejas, das associações beneficentes e da Liga Olímpica Alemã não apresentaram problemas, e rapidamente se chegou a um acordo. A política tem de ser admoestada por ter dependido das instituições que geralmente não são conhecidas por sua dedicação ao tema do abuso sexual". Imediatamente, ouviram-se pessoas dizer que a Igreja estava fora da crise. Entretanto, essas pessoas esqueceram que, na

Alemanha, relatos sobre a colaboração fracassada entre a Igreja e o Instituto de Pesquisas Criminológicas de Niedersachsen causou novo descontentamento. São justamente essas manchetes que, por um lado, prejudicam a imagem da Igreja e, por outro, limitam a renovação e a prevenção, o que é muito pior. Nesse caso, é irrelevante se há mais criminosos ou se outras comunidades agem de maneira menos decidida. Contrariamente ao provérbio, as dores compartilhadas não são menores.

Além de medidas verbais e simbólicas, como já se mencionou, é necessário dar passos concretos, tais como a conferência realizada em fevereiro de 2012 na Universidade Gregoriana de Roma, a consolidação de matérias correspondentes na formação de sacerdotes, procedimentos uniformes ao lidar com críticas e acusações ou a colaboração com especialistas externos. Embora só possa delegar essas ações, Francisco poderá conferir-lhes alta prioridade. Seria irreal afirmar que a maior missão de Francisco é a luta contra o abuso sexual. O papa é o chefe da Igreja e, por isso, responsável por sua condução do ponto de vista administrativo e, sobretudo, espiritual. Nesse sentido, como Santo Padre ele terá de se preocupar com a fé de sua comunidade. Este é seu principal trabalho, que, no entanto, não exclui a luta contra o abuso sexual e seu esclarecimento; muito pelo contrário. Ele poderá dispor de medidas e terá de fazê-lo. Poderá indicar o caminho e terá de fazê-lo. Poderá admitir a culpa e lutar pela reparação – e terá de fazê-lo.

RECONCILIAÇÃO OU NÃO? NEGOCIAÇÕES COM A IRMANDADE DE SÃO PIO X

" **D**iante dessas circunstâncias extraordinárias, as competências relativas às relações com a Irmandade de São Pio X serão confiadas pelo Santo Padre ao próximo papa." Uma frase longa, que aumenta uma história ainda mais longa. Trata-se da Irmandade de São Pio X e seus membros. Eles fazem parte de um grupo dissidente, comumente chamado de tradicionalista, mas que em muitas questões mais parecem fundamentalistas. Fundamentalistas não no sentido literal nem de um retorno aos fundamentos e às bases da fé cristã, mas no sentido hoje usual e um pouco vago de uma oposição fundamental às conquistas da modernidade; nesse caso, uma oposição aos resultados do Segundo Concílio Vaticano.

O grupo remonta a Marcel Lefebvre, que nasceu em 29 de novembro de 1905, seguiu a carreira de sacerdote e chegou a arcebispo e membro de um grupo preparatório do Segundo Concílio Vaticano. O francês ficou tão decepcionado com o Concílio que se afastou da Igreja. Em 1970, fundou a Irmandade de São Pio X e começou a formar sacerdotes de acordo com sua maneira de pensar. Em 1974, Lefebvre publicou uma declaração que absolutizava seus próprios princípios e refutava o Segundo Concílio Vaticano. O Vaticano advertiu-o e puniu-o, retirando da Irmandade de São Pio X o estatuto de comunidade católica. Lefebvre deveria ter fechado o seminário na aldeia suíça de Écône. Em vez disso, em 1976, ordenou sacerdotes alguns de seus seguidores e foi suspenso logo em seguida. Em 5 de maio de 1988, portanto, mais de dez anos após sua suspensão, a divisão foi aparentemente anulada, e o grupo dissidente pôde ser reintegrado. Na época, Lefebvre assinou um documento, no qual confirmava as exigências essenciais do Vaticano. Quem assinou pela Santa Sé foi Joseph Ratzinger. Mais tarde, o prefeito da Congregação para a Doutrina da Fé foi enganado por Lefebvre, que rompeu o acordo e, em 30 de junho de 1988, junto com o bispo emérito Antônio de Castro Mayer, ordenou quatro sacerdotes bispos. Do ponto de vista do Vaticano, Lefebvre e os outros cinco envolvidos receberam a pena da excomunhão. Um dos bispos ordenados é Bernard Fellay. O atual chefe da Irmandade de São Pio X dirigiu-se em dezembro de 2008 a Joseph Ratzinger, que fora parceiro no acordo de 1988 com Lefebvre e que, nesse meio-tempo, tornara-se papa e atendia pelo nome de Bento XVI. Em seu novo cargo, o ex-prefeito da Congregação para a Doutrina da Fé não se mostrou fechado, mas reconciliador, anulando em janeiro de 2009 a excomunhão dos quatro bispos. Essa decisão desencadeou um escândalo, pois, ao mesmo tempo, veio a público que um dos quatro, o britânico Richard Williamson, negara o Holocausto. Embora posteriormente Williamson tenha sido expulso da Irmandade de São Pio X, uma mensagem de Natal do padre alemão Franz Schmidberger, superior distrital da Irmandade, mostrou que os outros membros também tendiam ao antissemitismo e ao antijudaísmo: "Com isso, os judeus de nossos dias não apenas deixam de ser nossos irmãos mais velhos na fé, conforme afirmou o papa em sua visita à sinagoga de Roma, em 1986; eles são, antes, cúmplices na morte de Deus enquanto não se distanciarem da culpa de seus antepassados reconhecendo a divindade de Cristo e o batismo".

A Bento XVI já havia sido atribuída antes a tolerância ao antijudaísmo. Quando ele revalorizou o rito tridentino, os representantes judeus não foram os únicos a protestar contra a chamada "oração da Sexta-Feira Santa". A anulação da excomunhão dos membros da Irmandade de São Pio X realimentou essas vozes, embora a crítica de antijudaísmo a Bento XVI tenha carecido de fundamento. A retomada da Irmandade de São Pio X, como foi chamada essa decisão do Vaticano pela mídia, tampouco foi uma retomada. Marcel Lefebvre excomungara sua Irmandade e a si próprio com a ordenação ilegítima de seus membros; por conseguinte, a Igreja lhes negou os sacramentos. A decisão do papa anulou apenas isso. Os lefebvrianos já não podiam atuar como sacerdotes. Para tanto, teriam de seguir outros passos – nos últimos anos, todas as tentativas de seguir nessas direções terminaram em um só tropeço. Perderam-se e postergaram-se ultimatos, um preâmbulo foi enviado de um lado para outro, o cabo de guerra entre Roma e a Irmandade de São Pio X pela reintegração beirou as pechinchas praticadas junto à Porta Portese, o mercado das pulgas mais famoso de Roma. Pouco antes da renúncia, a mídia voltou a falar de um ultimato – naturalmente o último, mais uma vez – e sobre o fato de que Bento XVI gostaria de encerrar, ainda em seu pontificado, as negociações terrivelmente longas e anular a divisão. Para tanto, nos últimos meses de seu pontificado, intensificaram-se as tentativas, mas sem sucesso. Agora é preciso aguardar o que Francisco irá fazer.

Para os membros da Irmandade de São Pio X, essa situação é um risco. Em seu amor pela união e por simpatia à tradição, Bento XVI foi bastante condescendente com eles. Segundo alguns, até demais. Se o papa Francisco fará o mesmo não é possível prever. Por isso, não são poucos os membros da Irmandade de São Pio X que optaram por mostrar-se conciliadores. Quiseram reagir positivamente ao texto divulgado em janeiro de 2013 e escrito pelo então arcebispo encarregado da questão, Joseph Augustine Di Noia, vice-presidente da comissão "Ecclesia Dei", estabelecida na Congregação para a Doutrina da Fé. Como possível construção canônica e retribuição por sua obediência, gostariam de ter a instauração de uma prelazia pessoal, a fim de receber um estatuto canônico semelhante ao dos anglicanos convertidos. No entanto, para isso os membros da Irmandade de São Pio X teriam de aceitar o preâmbulo que formula as diretrizes de conteúdo da Igreja. Pelo visto, as vozes moderadas da Irmandade não foram altas o suficiente. Em todo caso, a data de 22 de fevereiro de 2013, divulgada para esta última oportunidade, passou sem resultado. Por isso, depende de Francisco e do prefeito da Congregação para a Doutrina da Fé, Ludwig Gerhard Müller, cuidar dos membros da Irmandade de São Pio X. Em seu antigo episcopado em Regensburg, Müller procedera decididamente contra a Irmandade. Agora, em uma posição de responsabilidade, ele se depara com interlocutores que, na verdade, não conversam, com parceiros de negociação que não querem negociar realmente. Eles preferem vangloriar-se, como o bispo Bernard Tissier de Mallerais: "Não mudaremos nossa posição, mas faremos Roma mudar a sua".

No caso, fazer Roma mudar sua posição significa o que disse o abade Régis de Cacqueray, chefe da Irmandade na França: "O Concílio tem de ser novamente trazido à discussão". A Irmandade não apenas rejeita a modernização na liturgia, mas também celebra o rito tridentino, que Bento XVI reabilitou como forma extraordinária. Os membros da Irmandade são contra, sobretudo, a declaração "Nostra aetate", a confirmação oficial da Igreja de que outras religiões também têm a possibilidade de dirigir-se a Deus – um passo decisivo da Igreja no diálogo inter-religioso.

Além disso, a Irmandade de São Pio X rejeita o princípio da colegialidade. Não quer menos, e sim mais hierarquia e, ao mesmo tempo, a transgridem, uma vez que, desde Pio X, não reconhecem totalmente os papas.

O papa Francisco não pode aceitar tudo isso, assim como também não pode aceitar nem aceitará que elementos essenciais da fé da Igreja, entre os quais o "Nostra aetate", sejam desconsiderados. Nesse sentido, uma união só é objeto de negociação até certo ponto, uma vez que esse fundamento em si não é negociável. Quem quiser ser membro da comunidade da Igreja católica terá de reconhecê-la. Quem quiser entrar para uma associação, terá de assinar seu regulamento; é simples assim. Müller, prefeito da Congregação para a Doutrina da Fé, já esclareceu: "Até agora, não veio nenhuma resposta*. Vamos esperar, mas não para sempre". Isso pode não ter nenhum significado concreto e apenas construir um cenário de intimidação. Por fim, também dependerá do papa Francisco se a longa história se transformará em uma história sem fim ou se Francisco colocará um ponto final nela. Com os membros da Irmandade de São Pio X antes ou depois do ponto.

---

* Ao preâmbulo. [N. do A.]

A REFORMA DAS CÚRIAS – A MISSÃO DO SÉCULO

Primavera de 1969, menos de quatro anos depois de encerrado o Segundo Concílio Vaticano. No ano anterior, em Roma, fora publicada a encíclica "Humanae vitae", que rendera duras reações ao Vaticano e o apelido de "Paulo Pílula" ao papa Paulo VI. Na Alemanha, os estudantes se rebelaram, ocuparam as universidades e fizeram com que um jovem professor universitário de Tübingen, chamado Joseph Ratzinger, desistisse de sua cátedra no mesmo ano. Nesses dias, na Bélgica, dois homens se encontraram para falar sobre um livro publicado em 1968. Um deles é José de Broucker, redator-chefe da revista *Informations Catholiques Internationales* (I. C. I). O outro é o cardeal Léon-Joseph Suenens, autor do livro *A Corresponsabilidade na Igreja de Hoje*. O cardeal Suenens é um dos pensadores influentes de sua época, costuma ser associado mais à ala liberal e voltada às reformas dentro da Igreja e, como um dos quatro moderadores, dirigiu o Segundo Concílio Vaticano. Na entrevista, Broucker e o cardeal falam sobretudo a respeito da relação entre o "centro" e a "periferia" na Igreja, de Roma e das igrejas locais. O cardeal Suenens afirma que quem toma as decisões no centro tende a "ver as igrejas locais como distritos administrativos, os bispos como meros delegados e órgãos de execução do poder central". Em vez disso, ele pede: "Inicialmente, deve-se deixar claro em que consiste a verdadeira concepção católica da unidade. Com toda certeza, ela não significa uma unificação possivelmente grande nem uma concentração de tudo no centro. À sua essência pertence uma distinção que é muito mais profunda do que certas diferenças superficiais e comuns para nós; ela atinge campos da espiritualidade, da liturgia, da teologia, do direito canônico e da atividade pastoral. Só o fato de que no seio da única Igreja Católica haja igrejas locais com uma rica variedade deveria bastar para nos lembrar disso".

A entrevista já tem meio século, mas é mais atual do que nunca. Quando o assunto é "centro" e "periferia", seguem-se inúmeras questões, das quais apenas poucas podem ser discutidas. A questão mais fundamental é aquela sobre a importância da "periferia", ou seja, das igrejas locais. Cada vez mais católicos veem o centralismo romano como um ônus para a Igreja, que se desenvolve em novas direções, tanto social quanto geograficamente. Eles pedem uma descentralização e mais influência para as conferências nacionais de bispos e, sobretudo, para as comunidades e os fiéis locais. O fortalecimento das igrejas locais aliviaria não apenas Roma. A esperança é que, desse modo, a Igreja possa agir de maneira mais flexível e, principalmente, adequada. Isso vale tanto para a Ásia ou para a África quanto para a Europa. Na França, por exemplo, há alguns anos um projeto da Igreja de Poitiers chama a atenção. Pouco mais de 600 mil católicos vivem no arcebispado no sudoeste da França. O número de fiéis tem se retraído, e o dos sacerdotes é ainda mais drástico. Calculou-se que, em 2017, haverá, quando muito, quarenta padres com menos de 65 anos de idade. Diante dessa perspectiva, o arcebispo emérito Albert Rouet reuniu-se com comunidades laicas e, ao contrário da maioria dos episcopados, trilhou um caminho inteiramente novo. A reforma estrutural, que em muitas regiões é mais uma redução do que uma reforma propriamente dita, deveria ser realizada de outro modo em Poitiers – e de fato assim foi feito: "Não queremos que as paróquias percam sua autonomia e, de repente, se transformem em apêndices de unidades cada vez maiores", disse Rouet. Isso deverá ser impedido pelas mais de 300 "communautés locales", que são grupos dirigidos por cinco laicos cada um. Esses laicos têm seu cargo limitado a um período de três anos. Três são eleitos pelos bispos franceses, e os outros dois pelos fiéis do local. Citando Rouet: "Todo o projeto tem uma premissa decisiva: confiamos no fato de que os laicos, depois de recebidos através do batismo, têm condições de viver de maneira criativa seu sacerdócio geral. Todo homem e toda mulher devem saber que têm valor, que outras pessoas contam com eles e precisam de sua especial vocação". Depois de formado, o grupo é solenemente enviado a uma missa. Do ponto de vista simbólico, os cinco dirigentes empunham o báculo do arcebispo, exprimindo sua missão e sua responsabilidade. Já no cargo, o grupo se ocupa da catequese, da formação de adultos, mas, sobretudo, da liturgia da palavra, realizada todo domingo. Embora a eucaristia só possa ser celebrada quando o padre provém dos arredores, com a liturgia da palavra pelo menos se assegura que todo domingo os fiéis se reunirão na Igreja. Obviamente, o modelo de Poitiers não funciona sem dificuldades. Tampouco deve servir como solução ideal para todos os problemas que afligem a Igreja, desde a falta de sacerdotes até o secularismo. Mas o exemplo – justamente em um Estado laico como a França – mostra que o fortalecimento das igrejas locais também pode representar um fortalecimento dos fiéis e, por conseguinte, de toda a comunidade.

O segundo aspecto da discussão sobre o "centro-periferia" não se refere à relação entre Roma e as igrejas locais, mas se ocupa do próprio Vaticano. Nos últimos anos, a Santa Sé foi abalada por uma série de desastres políticos e administrativos, dos quais o Vatileaks foi apenas um escândalo entre vários. A última reforma foi feita no pontificado de Paulo VI. Apesar de sua constituição apostólica "Pastor Bonus", aprovada em 1988, João Paulo II pouco se interessou pelo tema. Nesse sentido, não é de admirar que a reforma da cúria é vista por muitos como uma das três tarefas mais importantes do novo papa. Durante a Conferência Geral, esse foi o tema por excelência. Walter Kasper, Christoph Schönborn ou também Peter Erdö, secretamente considerado favorito, manifestaram-se a favor de reformas profundas e, sobretudo, estruturais.

Logo antes do conclave, teólogos e até políticos mencionaram diversos dignitários que apresentavam uma "curia reformata", ou seja, uma "cúria reformada" como prioridade máxima. O interessante nessa questão é que a "reforma" tornou-se um bezerro de ouro em torno do qual se dança. A reforma como finalidade em si é uma ideia que deve ser reformada. Uma reforma que caracterize uma mudança ainda não é boa em si, pois muda alguma coisa. Tornou-se comum gritar "reforma" de modo histérico, sem esclarecer com objetividade o que exatamente essa "reforma" deve ser. Relatos sobre reformas são frequentes. Em janeiro de 2006, a revista *Spiegel* causou alvoroço ao publicar o seguinte artigo: "O que para o comum dos mortais parece apenas um detalhe, para a Igreja Católica é uma Perestroica intermediária: a reforma prevê reduzir o número das comissões e dos conselhos pontifícios. [...] É decisivo saber se a Secretaria de Estado continuará sendo uma super-repartição universalmente competente, que às vezes interfere no trabalho diário das dioceses ou é rebaixada a ofícios simples". Nas semanas seguintes, nenhum vestígio da Perestroica nem da reforma, mesmo que pequena. Bento XVI reuniu algumas autoridades, incorporou o "Conselho Pontifício da Pastoral para os Migrantes e os Itinerantes" ao "Conselho Pontifício para a Justiça e a Paz" ("Justitia et Pax") e o "Conselho Pontifício para o Diálogo Inter-Religioso" ao "Conselho Pontifício para a Cultura" – uma decisão que, no caso do Conselho para o Diálogo Inter-Religioso, ele revogou rapidamente, sobretudo após as controvérsias em torno do seu "Discurso em Regensburg". Afora isso, durante o pontificado de Bento XVI houve poucas tensões, mas, em compensação, muitas trocas de equipe. Agora, quando aparentemente se quer de fato fazer uma reforma, sobretudo a posição da Secretaria de Estado é criticada como centro no centro. Seu poder, muitos são unânimes em dizer, precisa ser limitado. O tópico mais importante nesse contexto é a "colegialidade". Por um lado, o grande lema do Segundo Concílio Vaticano refere-se à colaboração entre o papa e os bispos, mas também, de modo geral, à colaboração entre o centro e a periferia.

À parte a posição criticada da Secretaria de Estado, outras sugestões preveem a otimização dos ciclos de trabalho nas congregações, nos conselhos e nas comissões e a redução da burocracia. Outras sugestões, como a do autor André Zünd ("Visitation und Controlling in der Kirche: Führungshilfen des kirchlichen Managements"),* requerem uma divisão de poderes segundo Montesquieu, a transposição do princípio do "check and balance" para o nível eclesiástico ou a separação entre o cargo curial e o eclesiástico.

Há décadas ouve-se dizer que os laicos pedem mudanças na cúria. Mas que tantos representantes eminentes da cúria também desejem mudanças é algo notável. Aparentemente, já não se trata de saber "se" é possível realizar essa mudança, e sim "como" e "quando" realizá-la. Em uma entrevista radiofônica, o arcebispo Claudio Maria Celli, chefe do "Conselho Pontifício para os Meios de Comunicação Sociais", representante de muitos que pedem uma reforma, disse: "Não se pode negar que o posto de comando da Igreja, a cúria, tem de ser repensado. Este é um dos grandes temas, pois, por um lado, fala-se da atividade da Santa Sé e da relação com os episcopados [...] e, por outro, há uma questão que se impõe: a estrutura que temos no momento responde com eficácia às necessidades da Igreja atual ou não? A reforma da cúria é um tema porque precisamos de um instrumento para responder de maneira mais eficaz e competente às exigências atuais".

Está mais do que na hora de alterar a estrutura e as competências na cúria. Pelo menos igualmente importante é uma mudança na atmosfera que predomina entre os muros do Vaticano. No início de seu pontificado, Bento XVI institucionalizara o

---

* Visitação e Controle na Igreja: Orientações para a Administração Eclesiástica. [N. da T.]

intercâmbio com os dirigentes dos dicastérios e, sobretudo, com as congregações; porém, mais tarde, não o continuou. Exatamente este seria um caminho para evitar mal-entendidos. Mais importante ainda é melhorar a colaboração e a política de informação de cada órgão vaticano entre si. Em conversas não oficiais, muitos funcionários do Vaticano se queixam de que nos órgãos o trabalho é feito de maneira muito hierárquica e que os órgãos quase não trocam experiências. Existem em sequência, o que, no caso mais prejudicial, impede efeitos de sinergia e, no pior, não evita escândalos. O dossiê sobre o escândalo do Vatileaks, que os cardeais Julián Herranz, Jozef Tomko e Salvatore De Giorgi reuniram para Bento XVI, fornece informações bastante precisas a respeito. Agora ele também será entregue ao papa Francisco, que terá de tomar decisões pessoais e estruturais com base nesse documento. Nesse tema também se inclui o Banco do Vaticano IOR, sobre o qual, como antes, há muitos pontos a serem esclarecidos. No momento, o banco é dirigido pelo alemão Ernst von Freyberg, e o tempo dirá se, durante o pontificado do papa Francisco, o IOR terá uma "bad governance" ou uma "good governance". Pois, neste como no caso de muitos outros escândalos ou confusões, vale o seguinte: já se perdeu muito crédito, e não apenas no Banco do Vaticano.

Um fator decisivo para a reestruturação da cúria e para a evolução com menos atrito da política do Vaticano serão as decisões pessoais que o papa Francisco tomará. Elas dirão se ele traz consigo o conhecimento correto do ser humano e se colocou as pessoas certas nos postos certos. Durante o pontificado de Bento XVI, o conflito entre Angelo Sodano, ex-cardeal e secretário de Estado, e Tarcisio Bertone, seu sucessor, foi um fator de constante perturbação. Sodano, como representante experiente da elite diplomática do Vaticano, e Bertone, como devoto homem de confiança do papa, porém com bem menos experiência, abriram profundos abismos na cúria. Antes do conclave, ambos foram vistos várias vezes juntos. Será interessante descobrir se, por interesse próprio pelo poder, firmaram um armistício temporário ou um contrato de paz duradouro. Francisco terá de fazer muito trabalho de intermediação não apenas entre ambos e seus defensores. Somente assim o clima dentro do Vaticano poderá melhorar. Para tanto, também se deverá pensar mais na Igreja do que na própria carreira. Menos ambição e mais dedicação. Mas também o fato de que a crítica não significa, automaticamente, alta traição precisa ser reconhecido, tal como Pio XII, já em 1950, advertira: "À sua vida faltaria alguma coisa se também lhe faltasse a opinião pública; por isso, a culpa recai tanto sobre os pastores quanto sobre os fiéis". Isso desperta o senso de responsabilidade não apenas da cúria, mas também de todos os fiéis. Karl Rahner retomou a citação do papa e, em seu texto "Das freie Wort in der Kirche",* escreveu: "As pessoas da Igreja (os jovens clérigos, os laicos etc.) precisam ser educados para uma obediência emancipada e para um uso correto da opinião pública. [...] Hoje, tanto interna quanto externamente, a Igreja está autorizada menos do que nunca a despertar a impressão de ser um daqueles Estados totalitários, nos quais o poder externo e uma obediência em silêncio mortal são tudo, e a liberdade e o amor nada são, como se seus métodos de governo fossem os mesmos de um sistema totalitário, no qual a opinião pública é feita dentro de um ministério da propaganda".

A atmosfera na cúria e na Igreja de modo geral tem de ser mais emancipada. Ao mesmo tempo, o silêncio não pode ser considerado fundamentalmente um acobertamento, nem a delação de um segredo pode ser, automaticamente, considerada um esclarecimento necessário. É preciso voltar a tornar os muros do Vaticano mais espessos e menos impermeáveis a boatos e insinuações.

Com a reforma da cúria e da Igreja, o papa Francisco encontra-se diante de uma tarefa de Hércules, cujo fracasso pode ter consequências inimagináveis para a Igreja. Em contrapartida, seu êxito poderia libertar as forças para a renovação. Nesse contexto,

---

* A palavra livre na Igreja. [N. da T.]

vale citar novamente uma frase do cardeal Léon-Joseph Suenens, que no início da mencionada entrevista foi perguntado se um italiano seria o melhor papa. A resposta foi controversa porque se ajusta à situação anterior ao conclave de 2013. Não foram poucos os que desejaram um pontífice que não viesse da cúria e, de preferência, também não viesse da Itália. Outros, por sua vez, já caracterizaram como vantagem a proximidade com o aparato do Vaticano e a origem italiana, uma vez que apenas um conhecedor poderia dominar a cúria (e isso embora Bento XVI tenha estado na cúria por mais de vinte anos antes de sua eleição e, mesmo assim, não tenha conseguido realizar nenhuma reforma): "Italiano ou não, o que importa é que o cargo em si é visto à luz do Segundo Concílio Vaticano e da atual situação na Igreja e no mundo. A questão da nacionalidade de um papa me parece totalmente secundária. Todo papa é, necessariamente, bispo de Roma e pastor supremo da Igreja Universal. Como bispo da Igreja de Roma, todo papa tem de fazer dessa Igreja a mãe e a guia de todas as igrejas do mundo – 'mater et caput omnium ecclesianum' –, conforme se lê no frontão da igreja de Latrão, a catedral episcopal de Roma. A irradiação religiosa e pastoral de Roma tem de atrair todos os olhares para si. Roma teria de ser a lanterna da vida cristã, a luz em cima do alqueire. O aspecto sobrenatural da Igreja de Roma é um elemento importante se o papa, como bispo de Roma, se tornar visível em toda a sua atratividade. Mais do que em qualquer outro lugar, toda miséria humana ou todo abuso que houver em Roma se tornará um escândalo para a Igreja.

O QUE JÁ ESTÁ MARCADO: A AGENDA DO PAPA FRANCISCO

Logo após sua eleição, o papa Francisco recebeu uma prévia da imensa energia que esse cargo exigirá dele. Discursos e sermões, as primeiras decisões pessoais, muitos compromissos. A agenda inicial está cheia e não deixa ao novo chefe da Igreja nenhuma ocasião para assimilar os acontecimentos. Quem é "representante de Cristo na Terra" não consegue nem sequer familiarizar-se com sua função.

A pressa e o estresse começaram no princípio, quando Jorge Mario Bergoglio foi perguntado se aceitava a escolha dos cardeais, quando aceitou e anunciou seu nome papal. Em seguida, passou-se rapidamente ao "aposento das lágrimas". Os trajes do papa tinham de ser provados. Depois, o discurso na *loggia* da bênção, as primeiras palavras do novo pontífice e, com elas, a primeira aparição oficial. O discurso, a oração e a bênção da sacada foram o início da atuação pública do novo papa Francisco e o prelúdio de um cansativo tropel de compromissos. Já na manhã seguinte, havia na programação a visita à basílica de Santa Maria Maggiore e, à tarde, a missa com os cardeais, que apresentaram o encerramento oficial do conclave. Assim continuou com uma agenda apertada: encontro com representantes da mídia; no dia seguinte, a primeira oração do ângelus na Praça São Pedro e um encontro com Bento XVI em Castel Gandolfo – um encontro histórico entre dois papas. Pouco antes de sua posse, recebeu a visita da presidente argentina Cristina Fernández de Kirchner, na verdade, uma inimiga íntima do novo papa. No dia seguinte, finalmente a posse solene, com representantes de países do mundo inteiro. Pouco depois de sua eleição, ele confirmou todos os dirigentes e os membros dos dicastérios da cúria romana em seus postos. Contudo, inicialmente apenas de maneira transitória, pois Francisco precisa de tempo para refletir sobre essas importantes decisões pessoais.

As semanas seguintes também não são fáceis. Não apenas porque o Santo Padre tem de cumprir questões relativas à organização, resolver problemas de logística e decidir questões pessoais. Em seus primeiros dias como pontífice também caem as datas mais importantes do ponto de vista litúrgico para mais de 1 bilhão de pessoas no mundo inteiro, ou seja, a Sexta-Feira Santa e a Páscoa, com encerramento no domingo. No dia 24 de março, a Igreja celebra o Domingo de Ramos e, com ele, o início da Semana Santa. Para Francisco, sua primeira missa "regular" no ano eclesiástico como papa, depois das celebrações de iniciação e entronização. Milhares de pessoas celebram com ele na Praça São Pedro a entrada de Jesus em Jerusalém, trazem os tradicionais ramos; muitos veem pela primeira vez, ao vivo, seu novo pastor supremo. O Domingo de Ramos é especialmente importante para milhões de jovens no mundo inteiro: ele é considerado a Jornada Diocesana da Juventude. Neste ano, é celebrado como preparação para a grande Jornada Mundial da Juventude, que será realizada em julho no Rio de Janeiro.

Terminado o Domingo de Ramos, começa a Semana Santa e, com ela, o período mais cansativo do ponto de vista litúrgico, mas também mais intenso: a Missa do Crisma na Quinta-Feira Santa, com o ritual do lava-pés – quando o cardeal, Jorge Bergoglio lavara os pés de presidiários. A via sacra no Coliseu, neste ano com meditações escritas por dois jovens maronitas do Líbano – uma decisão do papa anterior, Bento XVI, que assim quis chamar a atenção para o sofrimento de Cristo no Oriente Médio. Por fim, o

Sábado Santo e, naturalmente, a noite de Páscoa, que em Roma, ao contrário de muitas comunidades alemãs, é celebrada na noite de sábado, e não na de domingo. No domingo, a Missa de Páscoa e, por fim, a famosa "Urbi et Orbi", pela qual o mundo inteiro espera – é a primeira vez que Francisco dá a bênção de Páscoa a todo o planeta.

À parte esses dias festivos, como logo depois a festa de Pentecostes ou a de São Pedro e São Paulo, já estão estabelecido outros compromissos que preenchem a agenda do novo papa. No final de abril, em Roma, Francisco celebra uma missa dedicada ao sacramento da confirmação. Já no dia anterior, milhares de jovens afluem para a Praça São Pedro, a fim de encerrar sua peregrinação ao túmulo do apóstolo Pedro. Na praça, catequistas recebem os peregrinos e os acompanham à basílica, onde tem início a segunda parte da peregrinação, que passa pela Pietà de Michelangelo, pelo túmulo de João Paulo II, patrono da juventude, e conduz ao túmulo de São Pedro. O ponto alto do encontro mundial do papa com os jovens é representado pela missa da manhã, durante a qual alguns deles recebem a confirmação supostamente do próprio papa – para eles, uma experiência inesquecível e, para a Igreja, o sinal de que Francisco também quer ser o "Santo Padre" da juventude. A celebração do sacramento da confirmação, bem como outros encontros e outras jornadas, pertence à programação do "Ano da Fé". O próximo grande ponto na agenda papal é o "Dia das Irmandades e da Devoção dos Povos": em 5 de maio, as comunidades e os grupos da Igreja católica de todas as partes do mundo vão a Roma para celebrar a missa presidida por Francisco. O ponto alto emocional deve ser a recitação conjunta da "Regina caeli", antiga oração a Maria, que se inicia com as seguintes palavras: "Rainha do céu, alegrai-vos! Aleluia!" Celebrações semelhantes seguem nas próximas semanas, como a do dia 16 de junho, dedicada especialmente à encíclica "Evangelium Vitae". Uma semana depois será realizado o grande concerto pelo "Ano da fé", que em 22 de junho deverá transformar a Praça São Pedro em uma sala de concertos ao ar livre. Não nos esqueçamos de que na agenda estão ainda o "Dia dos Catequistas", em 29 de setembro, e o "Dia de Adoração a Maria" em outubro, 13º mês mariano. Em 24 de novembro, Domingo de Cristo Rei, termina o "Ano da Fé". Comunidades do mundo inteiro deverão celebrar. Em Roma, Francisco celebrará na Basílica de São Pedro uma missa solene de encerramento. Essas cerimônias são a parte extra na agenda. Audiências ou orações de ângelus estão regularmente na ordem do dia. Além disso, nas próximas semanas terão início os preparativos de viagem, sobretudo para uma muito especial: de 23 a 28 de julho será realizada a XXVIII Jornada Mundial da Juventude, no Rio de Janeiro. São esperados 100 mil peregrinos. Meses antes de Bento XVI renunciar, o doutor Patrizio Polisca, seu médico pessoal, já o havia desaconselhado a fazer essa viagem. Em sua última grande viagem internacional ao México e a Cuba, por exemplo, Bento XVI sofrera uma queda. Para a Jornada Mundial da Juventude, a ausência do Santo Padre seria um duro golpe. João Paulo II iniciara o encontro de jovens de todo o mundo, transformando-o em uma reunião, um evento da fé do catolicismo jovem. Para Bento XVI, a viagem para a Jornada Mundial da Juventude, realizada em 2005, em Colônia, foi sua primeira grande viagem internacional; um arranjo especial da providência para o papa alemão. Se Francisco não planejasse antecipadamente nenhuma visita ao exterior, poderia ser o próximo papa a começar suas viagens pelo mundo católico com uma Jornada Mundial da Juventude. Para ele, como primeiro latino-americano no "trono de São Pedro", certamente este seria um momento inesquecível, e a visita ao Rio como primeira estação na sucessão de São Pedro, um forte símbolo. Francisco começaria sua missão universal no país que é o mais católico na região mais católica do mundo. Se a viagem para a Jornada Mundial da Juventude será vinculada a uma visita à sua terra natal, à sua amada Argentina, ainda não se sabe; contudo, seria bem provável. Seja como for, a primeira visita do primeiro papa latino-americano ao subcontinente será um momento histórico – o lema da Jornada Mundial da Juventude parece ter sido feito especialmente para o início do novo pontificado: "Ide e fazei discípulos entre todas as nações".

Ainda é cedo para prever todas as viagens e eventos que Francisco terá de superar no primeiro ano de seu pontificado. Alguns já se delineiam, outros ainda não passam de suposição, e com algumas ressalvas. Assisi, cidadezinha de São Francisco, que deu o nome ao novo papa, nutre grande esperança. Logo após a eleição do papa, Mauro Gambetti, do convento franciscano local, parabenizou o novo pontífice, pediu-lhe a bênção e disse: "Estamos confiantes de que, como todos os seus antecessores até o querido Bento XVI, você também virá em breve a esta cidade onde Francisco, com tudo de que dispunha, continuou a anunciar o Evangelho redentor à Igreja e ao mundo. Viva Cristo! Viva o papa!"

Igualmente encantadora é a sempre divulgada viagem a Niš, que, no entanto, ao contrário da visita a Assisi, já está praticamente excluída. Na cidadezinha sérvia nasceu Constantino, o Grande, que possibilitou a ratificação do Édito de Milão (muitas vezes erroneamente chamado de "Édito da tolerância"), em 1313, e com ele a legalização e o estabelecimento do cristianismo no Império Romano. Com frequência, os meios de comunicação de massa especularam sobre uma viagem do papa aos Bálcãs. Por outro lado, o arcebispo Orlando Antonini, núncio apostólico em Belgrado, excluiu a possibilidade de uma visita do Santo Padre devido à existência de muitos "problemas históricos". Entretanto, fora planejada uma visita do arcebispo de Milão, Angelo Scola, para 21 de setembro – ironicamente, um dos "papáveis", que antes do conclave era considerado favorito para ser sucessor de Bento XVI.

Além das viagens e das grandes missas, há eventos especiais, que são pontos altos para toda a Igreja: as canonizações. Bento XVI havia alterado o processo da beatificação, transferindo-o normalmente para o prefeito da Congregação para a Causa dos Santos. Por outro lado, as canonizações continuam sendo assunto da maior importância e recaem no âmbito de competência do Santo Padre. Por isso, já em 12 de maio, o papa Francisco elevará cristãs exemplares à glória dos altares: Laura di Santa Caterina da Siena Montoya y Upegui, bem como Maria Guadalupe Zavala, duas fundadoras de ordens religiosas do século passado. Além disso, serão canonizados os 800 mártires de Otranto. Segundo a tradição, em 1480 eles foram assassinados pelo sultão osmanli Mehmet II, pois não quiseram renegar sua fé quando a cidade italiana de Otranto fora conquistada. Antonio Primaldo teria sido o primeiro a ser decapitado pelos soldados de Mehmet. Outra canonização ainda não foi confirmada, mas não parece totalmente irreal: a beatificação de João Paulo II. O postulante do processo – por assim dizer, "advogado" do santo potencial –, monsenhor Slawomir Oder, comunicou há algumas semanas que se teria descoberto o milagre necessário e transmitido o caso à comissão médica do Vaticano. Se o parecer for positivo e os cardeais do conselho concordarem, caberá a Francisco assinar o decreto de canonização e celebrar a missa para o então São João Paulo II – para Francisco, sem dúvida um ponto alto no primeiro ano de seu pontificado.

O QUE SE ESPERA: OPINIÕES E AVALIAÇÕES SOBRE A ELEIÇÃO DO PAPA FRANCISCO

A eleição de Jorge Mario Bergoglio surpreendeu o mundo. Os fiéis na Praça São Pedro levaram algum tempo até perceberem quem seria seu novo "Santo Padre". A minoria conhecia sua pessoa, embora oito anos antes, na última eleição papal, ele tenha recebido o segundo maior número de votos. Ainda mais interessantes são as avaliações de seus companheiros ou também cardeais que elegeram esse papa. Daqueles que estavam presentes quando ele animou seus confrades nas congregações ordinárias. Cardeais como Reinhard Marx ou Joachim Meisner contaram quais características puderam observar no novo pontífice. Naturalmente, políticos também se manifestaram. Os chefes de Estado parabenizaram o chefe da Igreja. Mostraremos em seguida uma seleção de congratulantes eminentes e personalidades, que aproximam a pessoa e o caráter do novo papa.

Cardeal Reinhard Marx (arcebispo de Munique e Freising):

Muito me impressionou a decisão de Bergoglio pelo nome Francisco. Ficamos todos muito surpresos. Quando se escolhe São Francisco de Assis para ser a figura central de seu pontificado, escolhe-se o santo da pobreza, da renovação da Igreja. Para a Europa, pela primeira vez isso significa que a Igreja está não somente na Europa, ela é uma Igreja universal, maior do que a Europa. Isso é muito importante, e também é importante que, a partir da Europa, olhemos para os outros continentes. A América Latina tem uma importância extraordinária. A América do Norte também, mas há muitos vínculos entre a Europa e a América do Norte, inclusive por conta da história nem sempre fácil das conquistas, que foram árduas. Há também uma história de sofrimento entre a América e a Europa, e há uma história de imigração, que o papa também representa, pois seus pais são da Itália. Há muitas relações entre a América Latina e a Europa, e talvez isso volte a ser evidenciado quando um papa da América Latina se torna bispo de Roma. Acho tudo isso maravilhoso, incrível!

(Domradio, AZ, Rádio Vaticano)

Cardeal Karl Lehmann (bispo de Mainz):

Realmente fiquei muito feliz, porque nos últimos dias chegou a parecer que tinham esquecido Bergoglio. Não se falava tanto dele quanto dos outros. Isso é sempre muito interessante; há sempre altos e baixos. Somente nos últimos dois ou três dias é que se sentiu – também pelo modo como ele discursou – que por trás dele havia uma potência. Fiquei sentado a duas cadeiras dele e admirei a tranquilidade com que ele recebeu tudo ao longo do dia. Em seguida, um homem passa pelas portas e, meia hora depois, volta a sair vestido de branco, como papa, sabendo logo como se comportar, que linguagem usar. Isso me impressionou muito. Naturalmente, o primeiro aspecto extraordinário foi o fato de que o primeiro papa jesuíta, ao ser indagado sobre qual nome escolheria, respondeu: "Francisco, em homenagem a São Francisco de Assis". Obviamente, essa foi uma marca própria que se tornou visível. Antes de ele cumprimentar um a um os cardeais, descobriu que, bem no fundo da sala, estava sentado em uma cadeira de rodas um colega da Índia, o cardeal Ivan Dias, que também já estivera em Roma, no Departamento das Missões. Bergoglio dirigiu-se exclusivamente a ele, cumprimentando-o primeiro, e este foi um sinal importante. Ele foi extremamente descomplicado e, ao mesmo tempo, seus gestos foram muito individuais e expressivos. Desse modo, acredito que ele não terá dificuldade para lidar com as pessoas.

(Rádio Vaticano)

Cardeal Joachim Meisner (arcebispo de Colônia):

Pergunta-se àqueles que sabem, começa-se a conversar, e eles dizem: "De fato! Este é o certo!" É claro que, antes, imaginei outra coisa; quando se entra [no conclave], têm-se algumas ideias. Não havia pensado no cardeal Bergoglio. Mas vejam só... O belo nisso tudo é que realmente não somos os feitores, somos apenas os órgãos realizadores. Agora podemos dizer: o trabalho foi bem feito, temos um papa! E, de fato, é um bom sinal que ele seja totalmente diferente do que eu tinha imaginado! Acho que a maioria que saiu do conclave irá dizer: "Nunca teríamos pensado nisso!" Ele realmente foi um presente para nós, e que seja realmente muito bem-vindo!

(Rádio Vaticano)

Cardeal Christoph Schönborn (arcebispo de Viena):

Quem viu a Praça São Pedro tem uma ideia da alegria que também tomou a nós, cardeais. Raras vezes vi tantos semblantes alegres como ontem à noite e hoje de manhã. O que mais me impressionou foi que esses semblantes eram de pessoas simples. Eu não podia imaginar (mas tive esperança) que a eleição do novo papa fosse transcorrer de forma tão fluente. Esse processo é estritamente secreto. Mas o resultado, em tão pouco tempo, é prova de grande unanimidade por parte dos cardeais. E que surpresa! Um sul-americano, alguém do continente no qual vive a maioria dos católicos. Um bispo dos pobres, um homem do Evangelho, em suma: um autêntico pastor. Alguns dizem: mas ele não está velho demais? Um papa de 76 anos? A juventude na Argentina não vê assim. Não é a idade a ser decisiva, e sim o coração. E, na noite de quarta-feira, seu modo simples e cordial conquistou o coração dos romanos e de muitos outros que se espremiam na Praça São Pedro. E estou profundamente feliz com o novo papa. Tudo indica que os cardeais elegeram um ótimo pastor.

(Rádio Vaticano, página no Facebook
do cardeal Schönborn)

Arcebispo Robert Zollitsch (bispo de Freiburg):

Com o papa Francisco, a Igreja ganhou um chefe que acolherá as iniciativas espirituais do papa Bento XVI e do papa João Paulo II. Assim, a Igreja Católica tem um papa que está em continuidade com seus dois antecessores. Ao mesmo tempo, o Santo Padre estabelecerá suas próprias iniciativas e pontos centrais. Quando o novo Santo Padre diz em seu primeiro e breve discurso que os cardeais foram buscá-lo no fim do mundo, isso é um sinal para o mundo: a Igreja Católica é uma Igreja Universal, que quer ser representada de maneira especial através do novo Santo Padre. O continente latino--americano pode se orgulhar de ter um papa que, pela primeira vez na história da Igreja, não é um europeu.

(DBK)

Cardeal Odilo Scherer (arcebispo de São Paulo):

Penso que, pela primeira vez, temos realmente um novo papa diante de nós. Logo se percebe isso quando ele se apresenta. Ele já deu mostras de que também fará algo novo na Igreja. Temos muita expectativa em relação a Francisco! Para ele, é realmente muito importante fazer a Igreja avançar, permitir que se inove e ganhe um novo rosto, para que ela também possa continuar dando ao mundo, de uma nova maneira, a luz do Evangelho. E, nesse sentido, São Francisco nos deu um exemplo: ele se dedicou integralmente a Deus; sua conversão foi, sobretudo, uma conversão completa a Deus. "Mio Dio è mio tutto", "Meu Deus é meu tudo", essas foram suas palavras. E, a partir de então, ele olhou para o mundo e para os homens de forma totalmente diferente: a dignidade das pessoas, dos pobres, dos doentes, enfim, daqueles que nada valem perante o mundo. Penso que isso seja o indício daquilo que agora também já podemos perceber no papa Francisco.

(Rádio Vaticano)

Cardeal Cláudio Hummes (ex-cardeal da cúria brasileira):

Ele é uma pessoa de profunda espiritualidade, um homem da oração, que viveu o Evangelho e que vive sua relação com Jesus Cristo com uma profunda simplicidade. Quanto mais alguém se aproxima de Deus, tanto mais fácil será sua vida espiritual. Nesses dias, ele teve a oportunidade de mostrar toda a sua alegria. Ao nos cumprimentar um por um, fez isso com grande naturalidade, como se nada de extraordinário tivesse ocorrido, embora ninguém melhor do que ele para saber o que acabara de lhe acontecer. Pois, quando um cardeal é eleito papa, é Deus quem o unge.

(Avvenire)

Joachim Gauck (presidente da República Federal da Alemanha):

Vossa Santidade, parabenizo-a cordialmente, também em nome das cidadãs e dos cidadãos alemães, por sua eleição a papa e bispo de Roma. O senhor assume a sucessão de São Pedro em tempos de grandes desafios. Com o senhor, pela primeira vez um latino-americano torna-se chefe da Igreja Católica Romana – um sinal visível de sua dimensão universal. O senhor escolheu o nome de Francisco, santo cuja simpatia pelas pessoas e pela Criação até hoje comove e toca os fiéis de todas as confissões. Sobretudo por sua dedicação aos pobres e aos fracos, Francisco é um modelo para muitos. As pessoas na Alemanha, principalmente os cristãos católicos, veem seu pontificado com muita expectativa e simpatia. Desejo-lhe força, sabedoria e que Deus o abençoe em suas futuras missões.

(www.bundespraesident.de)

Chanceler alemã Angela Merkel:

Com toda cordialidade, parabenizo o cardeal Bergoglio, o novo papa Francisco, por sua eleição para chefe da Igreja católica. Milhões de fiéis na Alemanha e em todo o mundo esperaram por esse momento. Suas esperanças voltam-se agora ao novo papa. Muito além da cristandade católica, muitos esperarão dele orientação não apenas em questões de fé, mas também quando se tratar de paz, justiça e preservação da Criação. Fico feliz especialmente pelos cristãos na América Latina e com o fato de que, pela primeira vez, um dos seus foi convocado para comandar a Igreja Católica. Desejo ao papa Francisco saúde e força para seu serviço pela fé e pelo bem das pessoas.

(www.bundeskanzlerin.de)

Alois Glück (presidente do ZDK):*

Fiquei profundamente feliz com sua eleição pelos cardeais reunidos em conclave. Com prazer satisfaremos seu desejo e pediremos a Deus que lhe dê força e o abençoe em seu novo cargo. Ao escolher seu nome, o senhor estabeleceu um marco pela proximidade com os pobres e oprimidos, com as pessoas que estão em busca de Deus.

(www.zdk.de)

Ronald S. Lauder (presidente do Congresso Judaico Mundial – WJC):

Ficamos felizes com a continuação da estreita relação entre a Igreja Católica e os judeus, estimulada nas duas últimas décadas. O papa Francisco não é um estranho para nós. Nos últimos anos, ele visitou muitos eventos inter-religiosos, organizados pelo WJC e nosso parceiro regional, o Latin American Jewish Congress.

(Jüdische Allgemeine)

---

* *Zentral Komitee der deutschen Katholiken* (Comitê Central dos Católicos Alemães). [N. da T.]

PRÓXIMOS LANÇAMENTOS

**Editora
Pensamento**
SÃO PAULO

Para receber informações sobre os lançamentos da
Editora Pensamento, basta cadastrar-se no site:
www.editorapensamento.com.br

Para enviar seus comentários sobre este livro,
visite o site
www.editorapensamento.com.br
ou mande um e-mail para
atendimento@editorapensamento.com.br